超越パラレルワールド

女性性とレゾナンスの飛翔

吉田一敏

青林堂

前書き

この世は、御伽の国です！　元々そうでした。今でもすべてのことが可能です。どうすればそれが分かるでしょうか？　それは、あることに気付きさえすればいいのです。

人生で今、心配なことがありますか？　そして、世界の大問題も解決したいですか？　それらがもしシンプルに解決するとしたら、どうしますか？

パラレルワールド理論は、人類史上でも類を見ないほど有効です！

１９２５年に量子力学が誕生しました。それによって、意識を統合できない科学は今、存亡の危機に立たされています。先見の明のある科学者は皆、この新しいパラダイムシフトに乗りこんでいるのです。

インターネットの比ではありません。インターネットの出現から、それについていける人、いけない人の格差が問題になりましたね？　しかし、パラレルワールド理論の出現は、それどころではないのです。

パラレルワールド理論は、活用できる方とできない方では、人生の拡大や自由度に、天地ほどの違いが生じます。1と100万ほどの違いです。過去を塗り替える。自分というワクを乗り超える。時間と空間を自由に移動する。御伽の国を現実化するのです。あなたがパラレルワールドの主だったと思い出せば、すべてが可能になるのです！

目次

第5章　受容と抵抗　光と闇

第6章　観念と感情と放置人生

第1章

パラレルワールド時代開闢（かいびゃく）

パラレルワールド情報開示

数年前に映画『君の名は。』が大ヒットしましたね？　二つの時間軸を行ったり来たりするドラマです。『スパイダーマンシリーズ』や『ドクター・ストレンジシリーズ』、『アベンジャーズシリーズ』などの映画でも、パラレルワールドないしマルチバースで繰り広げられるストーリーが描かれています。また、アカデミー賞に11部門でノミネートされた、2022年の『エブリシング・エブリウェア・オール・アット・ワンス』もそうです。**私たちが見ている世界、感じている時間とは異なる並行宇宙が存在する**、というパラレルワールドのアイデアが、多くの人の目に触れる時代となったのはなぜでしょうか？

そう、宇宙の実態に対して、人類の意識が急速に開いてきたからです。

マンデラエフェクトってご存じですか？

「事実とは違う記憶」をたくさんの人が持つという現象。全く面識がない多数の人々が同じ記憶を持つこともあります。1993年にノーベル平和賞を受賞した南アフリカの元大統領ネルソン・マンデラは2013年に亡くなりました。ところが、そのはるか前に彼の葬式が行われたことを知っている、または参列までしたという人々が、世界中に現れているのです。どうしてこんなことが起きるのでしょうか？

ダラスの暑い日、１９６３年11月22日。Ｊ・Ｆ・ケネディはこの日に亡くなったことになっています。しかし、彼は１９８４年まで生きていた。彼の口から、ＵＦＯなどの宇宙情報や影の政府情報が公開された結果、地球上はいつ果てるとも知れない戦闘状態になってしまった。そこで、人類全体の集合意識が同意して、ケネディは１９６３年に亡くなったことにした、という情報があります。ちなみに、**人類はこうしたことを歴史上頻繁に行ってきた、と。これはどういうことでしょうか？**

複数の世界線の選択肢があるということです。人類や個人に。

過去を変えたい人はいますか？

吉田統合研究所では、約２０００名規模で今日まで実験が行われてきました。４年を超えました。過去が変えられるか？　結論は、研究所のメンバーに聴いてみてください？　変えられるのです。

最先端科学パラレルワールド

パラレルワールド。それは、最先端の膜理論で世界的に主導的な役割を果たし、ハーバード大学、マサチューセッツ工科大学の教授であるリサ・ランドール博士他も研究してきた科学分野です。

この世界には並行宇宙がある。今、自分がいる世界とは別に、選択可能な別世界、別人生がある。最近の科学的データからもパラレルワールドの実在を主張する科学者が激増しています。例えば、海洋の海流の動きから、パラレルワールドを想定しなければ説明不可能であると主張する科学者もいます。東京大学先端科学技術研究センターのプレスリリースでは、黒潮などの海流の動きに、全く同じ風の変動の下で、異なる海の循環が生じうることを発見し、**海洋循環にはいくつもの「並行世界（パラレルワールド）」が存在することを指摘しました**（２０１６年2月1日）。

科学者は、こう言っています。「海が勝手に決める部分がある。」と。勝手に決めているのは、海なのでしょうか？　その答えは、後述します。

一般にはあまり知られていませんが、膨大な数の科学者たちが、今やパラレルワールドを、科学的根拠に基づいて研究しているのです。

人類にとっての重要性は？

半導体、インターネット、ＡＩと有効なテクノロジーが、今まで世界を変えてきましたね。

しかし、パラレルワールドと比較したらどうでしょうか？

次元が違います！パラレルワールドの場合の変革は、人生観、人生、宇宙観、宇宙、体験、幸福、満足、自己実現、経済、組織、政府、世界平和、環境蘇生、そして若返り、全てが変わります。ですから、以下の理論が腑に落ちるか？　そして活用できるか？　こそがキーポイントになるのです。**人類全体にとり、そして、あなた個人の可能性も、現在の１００万倍ほどに拡大するでしょう！**

パラレルワールドは意識が動かす？

まず、パラレルワールドを移動させるのは意識です。その性質を先に知りましょう。

移動可能なパラレルワールド

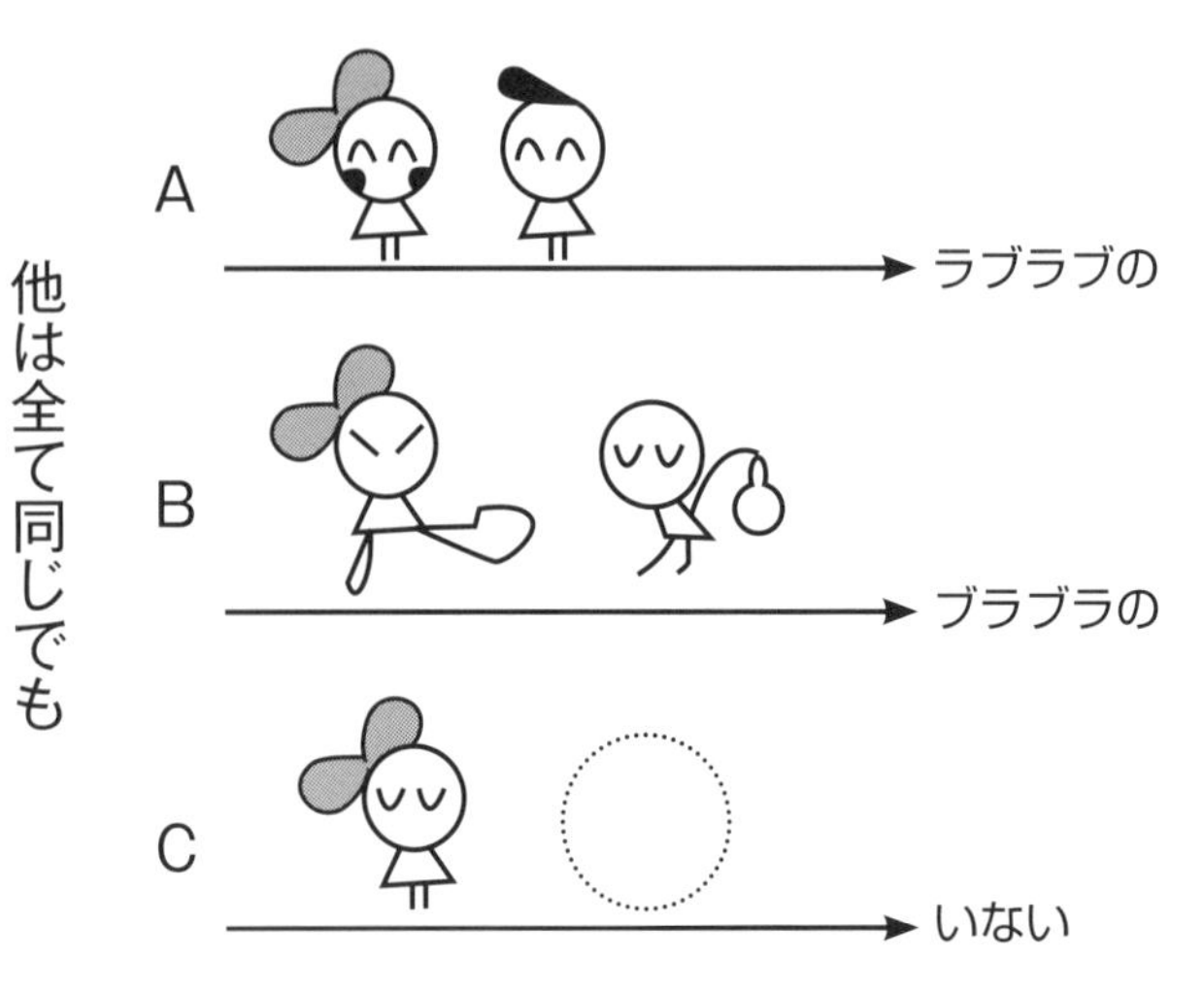

今から約100年前の実験で確かめられました。

人の意識が、現象を変えてしまう。物質が、意識で動くのです。ただ見るだけで変わります。メデューサのように、見るものを石に変えるのか？　そうです。石ではありませんが、電子に。見ることは意識の作用ですが、意識を使うことで、物質界に、現れたり消えたりが起きるのです。

1922年にノーベル賞を受賞したニールス・ボーアは、電子の位置と運動を観察しようと、観察しました。すると、観察しない時はただの波動（量子振動）だった場がどうなったでしょうか？

観察した先に、電子が出現したのです。電子は、すべての物質の元。電子のスピン（回転）から、初めて物質が作られますから。その物質の元は、観察しなければ、「ただの波」だったのです。したがって、**「観察が電子を生む」ということです。**

これは、実験によって確かめられたれっきとした事実で、誰も否定ができません。

見ることの秘密

観察とは、いったい何でしょうか？　大まかに言ってそれは見ること＝ｓｅｅです。ｓｅｅとは、他と切り離して、それだけを選択的（差別的）に見るということ。ｓは、分けるという意味で、ｓｅｌｅｃｔ（選ぶ）、ｓｅｐａｒａｔｅ（分ける）などに使われています。ｅｅは目を合わせること。すなわちｓｅｅとは、他を排除してそれだけを見ることです。

見るためには、前提として「欲望」ないし「観念」が必要です。何かの意図がなければ、人は見ることをしません。ですから、**見た時点で実は、何がしかの「意図」があるのです。その意図は、何がしかの「観念」によって支えられています。**

例えば、あなたの歯が痛くて早く治療しないとその歯を抜かねばならなくなる。そしてそうなったら、会社を休まねばならず、大きなトラブルを引き起こす、という「観念」をもっていたとしましょう。するとあなたの目は、歯医者の看板を選択的に見ます。他には、パーマ屋の看板やカラオケのそれもありますし、キャバクラの可愛子ちゃんもいますが、全く目に入りません。（普段は入り過ぎますが）

この行為を引き起こしたのは何でしょうか？

観察を引き起こしたのは、一つの「欲求」、それを引き起こしたのが、ある種の「観念」。もし、虫歯は放っておいたら治るとか、歯を抜いたほうが会社を休めてお得！等の観念をもっていたら、今は、歯医者の看板を見ないのです。

この話は、観察というワードで始まりましたが、実際見ることとは、観念の結果起きる、観念と紐づけられた行為。そして、実は、**「観念」こそが見ることを引き起こします。「観念」をもつとあなたの目が、何かを見ようとするのです。**

観念が創造する

1533年、エルナン・コルテスは、ピサロと共にインカ帝国を滅ぼしました。わずか1

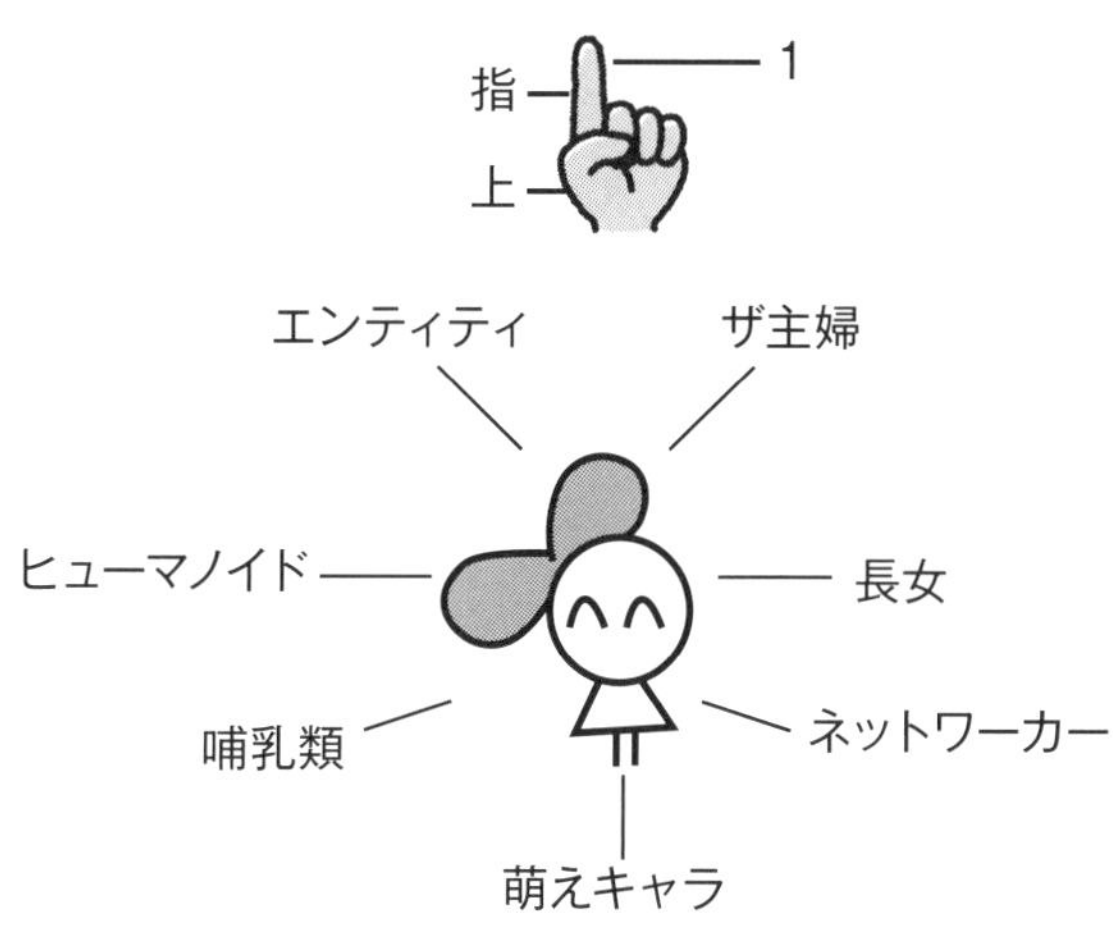

週間で。なぜそれが可能だったのでしょうか？

インカには、馬という観念がありませんでした。コルテスたちが、船から降りた時、馬に乗って海を渡りました。これを見て、インカ人たちは、伝説の神々の帰還だと勘違いしました。なぜなら、コルテスらが、海を歩いて渡ってきた、と思いこんだのです。この事実は、いったい何を示唆するのでしょう？そう、**観念の無いものは、見えないのです。認識できないのです。**

一方、パートナーの靴下は臭いですよね？すいません。少なくとも、うちの友人のケースはそうです。いったん、パートナーの靴下は臭い！という観念を持ちます。そしてその観念が定着するに従い、ますます臭くなるのではないでしょうか？　あなたの嗅覚が変わったのでしょうか？　いいえ。あなたの観念がそうさせたのです。

人差し指を1本立ててみていただけますか？　それは、何ですか？

ある人は、「指」。ある人は「人差し指」。ある人は「1」。ある人は「上」。

では、いったんそれを「人差し指」と思ってみてください。その時、「1」はどこに行きましたか？　そして「上」はどこに？

実際やってみていただくと、「人差し指」と思った時は「1」、「上」などは消えていますね？　すなわち、「人差し指」という観念をもつと、他の観念は持てない。逆に言うと、**一つの観念を持つのでそう見える**、なのです。観念を変えると、見え方がガラッと変わります。

では、観念は見え方を変えるだけなのでしょうか？

実は、観念が現象（世界）を創るのです。

見ると出現する宇宙

アインシュタインとタゴールの会話。タゴールは、ノーベル賞まで受賞したインドの詩聖であり、世界中から尊敬された天才です。簡単にまとめると……

タゴール
「あなたが見ていない時は、月は存在していないんですよ。」

アインシュタイン
「そんなことは無いでしょう。見なくても、月はありますよ。」

同じ趣旨のやり取りは、アインシュタインとボーアの間でも繰り返されました。ニールス・ボーアは、１９２２年ノーベル物理学賞を受賞した量子論の育ての親であり、易経を研究していました。こう言っています。**「原子物理学論との類似性を認識するためには、我々はブッダや老子といった思索家がかつて直面した認識上の問題に立ち返り、大いなる存在のドラマのなかで、観客でもあり演技者でもある我々の位置を調和あるものとするように努めねばならない。」**と。

アインシュタイン
「大切なものは存在するけれど、それは見えない（測定できない）ことがある。」

ボーア

「存在するということは、必ず知覚されることだ。」

現在では、アインシュタインの負けだと評されています。見ていないものは、存在しない。ボーアはともかく、なぜ詩人であるタゴールたちが、同じことを主張できたのでしょうか？そうです。詩人や芸術家は直感的にそうとしか思えない体験をしているからです。彼らに理屈はいりません。

観察は創造する

量子力学といえば有名なストーリーとして、電子の出現現象があり、すでにご紹介しました。観察するまで電子は存在しなかったですよね。では、観察とは何でしょうか？

実は、**「観察」とは、「創造する」という意味なのです**。「観察」＝「創造」。そんなことがいったいあるでしょうか？　何かを見ているのではなく、見ることによって創り出すと言ってよいでしょう。自分の何が創るのでしょうか？　シンプルに言うなら「観念」です。観念は意識の形態です。それは誰の？　観察者のですが、実はその背後には隠れた黒幕がありま

す。（後述します）

その観念をもつと、見るという行為が起こり、見るとその観念に沿った、観念を表現する現実が現れます。観念が現実を創るのです。信じられますか？　今まで人は、すでにあるものを、あなたが見ている、と信じ込んできました。ところが**実際は**、**あなたが見たので出現した。あなたの観念が前提に無ければ、何も見えないのではなく、何も現れないのです。**

もし、この現実とは観念を見ているだけだ、としたらどう感じますか？　観念次第で現実は何とでも変わる。本当だとすれば、この現実は重く感じられますか？

いいえ。ちっとも重くなりません。

ホログラムなのです。観念は意識の振動。振動は周波数をもっています。その周波数に従った現実が、ホログラムで現れるのです。

電子しかない宇宙とは？

最初、宇宙は虚空でした。アーカーシャという空間が現れる前です。存在がありません。そこに見るという行為が生まれました。誰がしたのか？　は後にしましょう。さて、なぜ見

観察＝見ることのクリエーション

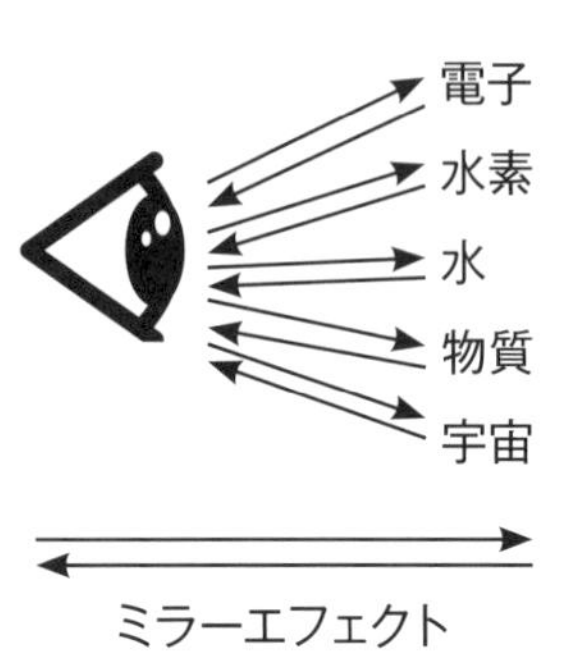

たのでしょうか？　ある種の「欲望」が生まれたからです。それが、ある種の「観念」を選びます。「観念」は、どこにあるのでしょうか？

　宇宙には、アカシックレコードと呼ばれる可能性フィールドがあります。宇宙の全データが内包されています。その一つに意識がフォーカスします。選択したのです。すると、それを見るという行為が生じます。見ると、その現象化が起きます。**アカシックレコードにあったものが、現実世界に下って解凍されると、架空の「時空」を創り出し、その体験が生じるのです。**

　一例を挙げましょう。

　あなたが観察者になってください。そして何かを見ます。見たいから見たのです。するとそれに見合った物または現象が出現しますが、ここではそれを電子としましょう。電子は見ることにより創られました。さて、観察者はその次の瞬間その電子を見ます（本当を言うと観察者がいないので、それは「観察」にすぎないのですが、それは後述します）。その「観察」により、電子が回転を始めます。それが水素です。スピンが「存在」を作るのです。水素とは、核の周りを電子が回転しているだけなのです。核も電子も極小の存在で、回転内部の空間はほぼ空っぽ。ですから、水素内部には何もありません。電子が回転しているものが、水素という物質に見えるのです。

次に、水素を見た観察者（観察）は、それをフィードバックする（再度見る）と、「水」が現れます。「水」は、この宇宙の基盤そのものであり、物質と言われるすべては「水」でできていると言っていいでしょう。そこで「観察」が再度行われると、水は他の物質に変わります。それをさらに「観察」するとどうなるでしょうか？　電子だったそれは、分子となり、次の観察で細胞となり、さらには人間となり、太陽系となり、大銀河となり、宇宙となる。

この「観察」行為は、１秒間に１００万回ほど起きています。行ったり返ったりの意識の往復、鏡のような反射が１００万回。だから、あっという間に宇宙が出現するのです。やっているのは、「観察者」であるあなたです。

すべて、ホログラムです。漬物石はけっこう硬いですが、ホログラムです。堅固な物質も、波動でできているのは、マックス・プランクが主張する通りです。量子力学の父ですね。**物質に見えるものは、ただの波動「周波数」が固まった、すなわち音が凍ったもので、人間の限られた感覚を超えれば、周波数の一つにしかすぎません。**人間は、物質は硬くてぶつかると感じますが、例えば、ニュートリノやテスラジェネレーターのスカラー波は通過します。

物質も主語もない宇宙

この宇宙には、物質はないのです。

さて、このことから何が分かるでしょうか？　**物質がないということは、すべてが繋がった波動の海が宇宙であること。それは、一つしかないこと。海では、そして宇宙では、出来事は起きるが、起こす物質、主体、特に人がいないこと。**人も細胞の集合体。細胞は、物質の集合体。物質は無いというのですから、人間もいないのです。

すなわち、**宇宙現象には、主語が無いのです。**SVOCと学校で教わりましたね？　SとVで活動している、と。しかし、実際はSだけがありません。Vしかありません。すなわち、出来事は起きるが、起こす主体がいない。あれ？　すると宗教的な概念であるカルマや輪廻（りんね）

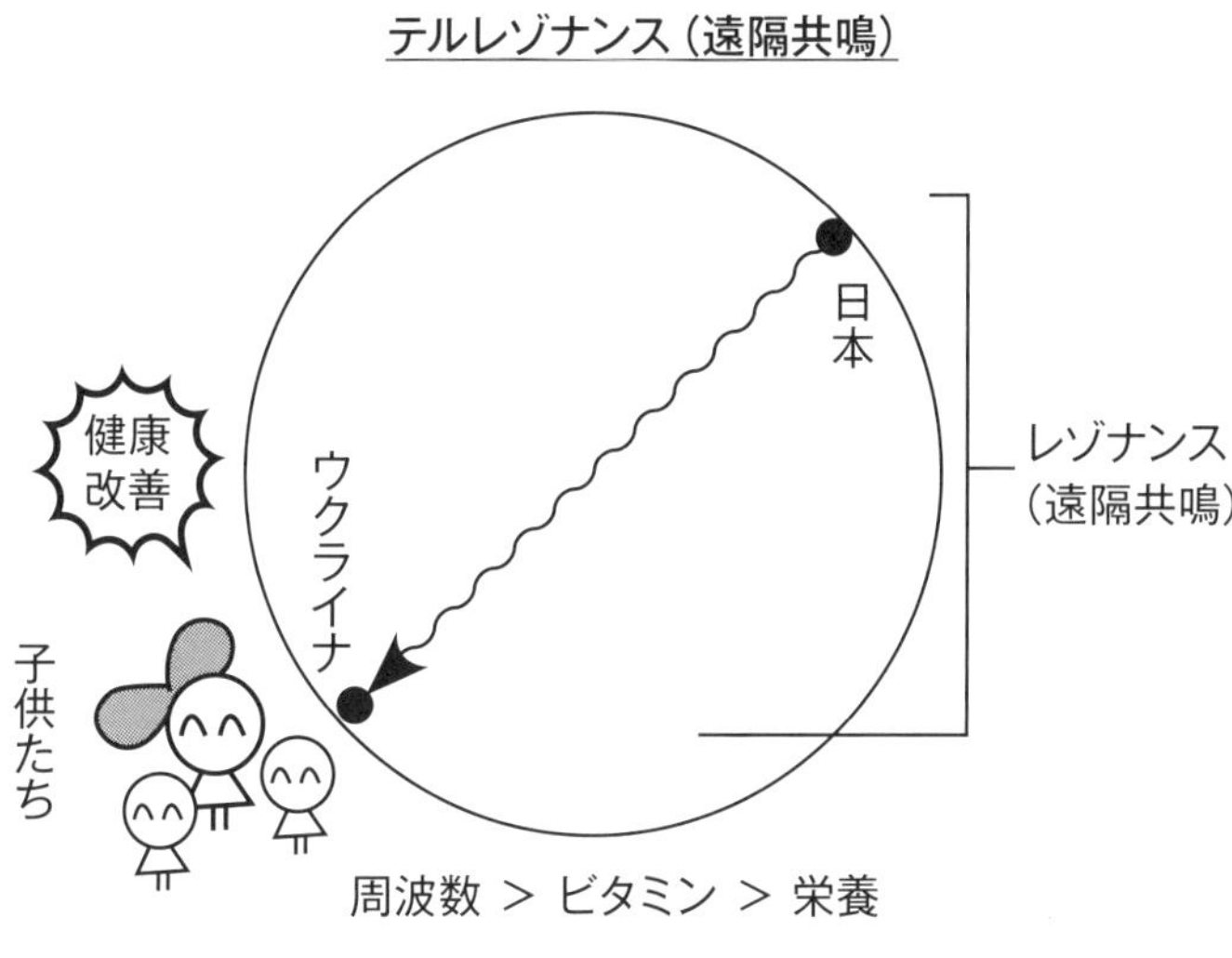

はどうなるのでしょうか？　「やり手」がいないことになるから、カルマはありますか？　また、それは誰のカルマですか？　また、個人がいないのなら、「輪廻」は可能ですか？　誰が「輪廻」するのでしょうか？

実は、「輪廻」はありませんが、パラレルワールドがあります。詳しくは後述しましょう。

パラレルワールド移動が分かった理由は？

一テクノロジーによって分かりました。

吉田統合研究所に、ヒーリングウェーブという周波数技術があります。イギリスのピーター・ガイ・マナーズ博士らが発見した周波数を使ったサイマティクスレゾナンス（共振共鳴）技術です。

マナーズ博士は、国連からダグハマーショルド最優秀賞と貴族であるサーの称号も受け、国連の代替医療大学の教授も務めた科学者です。生涯をかけた研究によって発見したのは、人体の各臓器の初期設定の周波数＝正常な時の音で、それを患者の臓器に当てると正常に戻るのです。レゾナンス（共振共鳴）です。ヒーリングウェーブは、それらの音を１３００のメニューに整理し、個人が使えるアプリにした天才的エンジニアによる技術です。

４年半前から、吉田統合研究所ではこの音たちを「遠隔」しました。正確には「周波数の遠隔共鳴」。この分野のエキスパートの間では、**将来の医療はすべて「周波数の遠隔共鳴（テルレゾナンス）」になる**、という予測があります。しかし我々の「遠隔」では、身体やメンタルの改善を超えて、パラレルの移動に使用しています。もう4年を超えましたが、２０００人以上が活用し、驚くべき結果を得ています。「遠隔」とは、何かを変えたい対象の名前を紙に書き、その周囲を四角い線で囲いますが、意識や周波数を集中させる祠（ほこら）のような働きで、そこに周波数を送ります。

携帯電話が復活する周波数？

高知に行ったとき、携帯電話の電源がオフになったまま立ち上がらなくなりました。ＡＮＡのチケットデータも携帯内にありますから、東京に帰れなくなってしまいます。車に同乗していたＩＴ専門家も力を尽くしましたが、何時間たってもウンともスンともブーとも言いません。機種の買い替えも真剣に考えました。

こうして切羽詰まり、名古屋のメンバーに「遠隔」を依頼したのです。壊れたアンドロイド携帯に向かって周波数を送ってもらいました。送られた周波数は「愛」「金銭」と命名された音。例えば「愛」は５２８Ｈｚ、４３２Ｈｚなどの複合された調和音。送った相手側の波動を調和したものに変えます。さて、どうなったでしょうか？

あっという間に、携帯が立ち上がったのです！同乗者は一斉におー‼と歓声を。その後、アンドロイドは一切の問題もなく、今日も機能し続けています。

無くすもパラレル　見つかるもパラレル

携帯をはじめ、物ってなくなりますよね？　そのたびに、研究所のメンバーは「遠隔」します。その結果、**あり得ないところから出て来た、何回見たか分からないその場所から、**などのレポートが絶え間なく来ます。周波数を送ると、見つかるということでしょうか？　いいえ、携帯がないパラレルワールドから携帯があるパラレルに移動する可能性があるのです。携帯電話が出たり引っ込んだりするのではありません。では、どうやって？

「周波数の変更（フリークエンシーチェンジ）」で。

この場合、ヒーリングウェーブという周波数を発するテクノロジーを使い、高い周波数を選び、対象に向けて送った。その結果、パラレルが移動した。誰の？

送った人のです。送った人の周波数が変わったのです。送るという行為により、本人の波動が高次元にシフトしました。

グッチの時計の自己修復？

真っ二つに切れて壊れた私の腕時計の例。

渋谷の修理場に持っていってもダメ！イタリアに送り返すしかないと言われ、私は諦めて持ち帰りました。そこで、「遠隔」実験をしました。2月28日に壊れたグッチの時計。紙にそう書き、そこに向かってヒーリングウェーブから、周波数を送りました。周波数の名称は、

「愛」と「金銭」。１時間後、遠隔を始めた部屋からドスン！と鈍い音が聞こえました。あら！と驚いて中に入り、壊れた時計を保管していた引き出しを開けました。するとどうでしょう⁉　真っ二つだったはずの時計が、完全に元に戻っていたのです。外れていた蝶番（ちょうつがい）が、何事もなく原形に。引田天功か！と思いました。

私は、即座に家の者に聴きました。

「誰か、この時計に触ったか？」

すると、

「そんなとこに時計があるなんて、誰も知らないよ！所長がまた酔っ払って、自分で直したの、覚えてないんじゃない？」と。

「専門家でも直せないって言ったのに、俺が直せるわけね〜ジャン！」

いったい何が起きたのでしょうか？

第2章

パラパラ変わる周波数パラレル

無限数パラレル

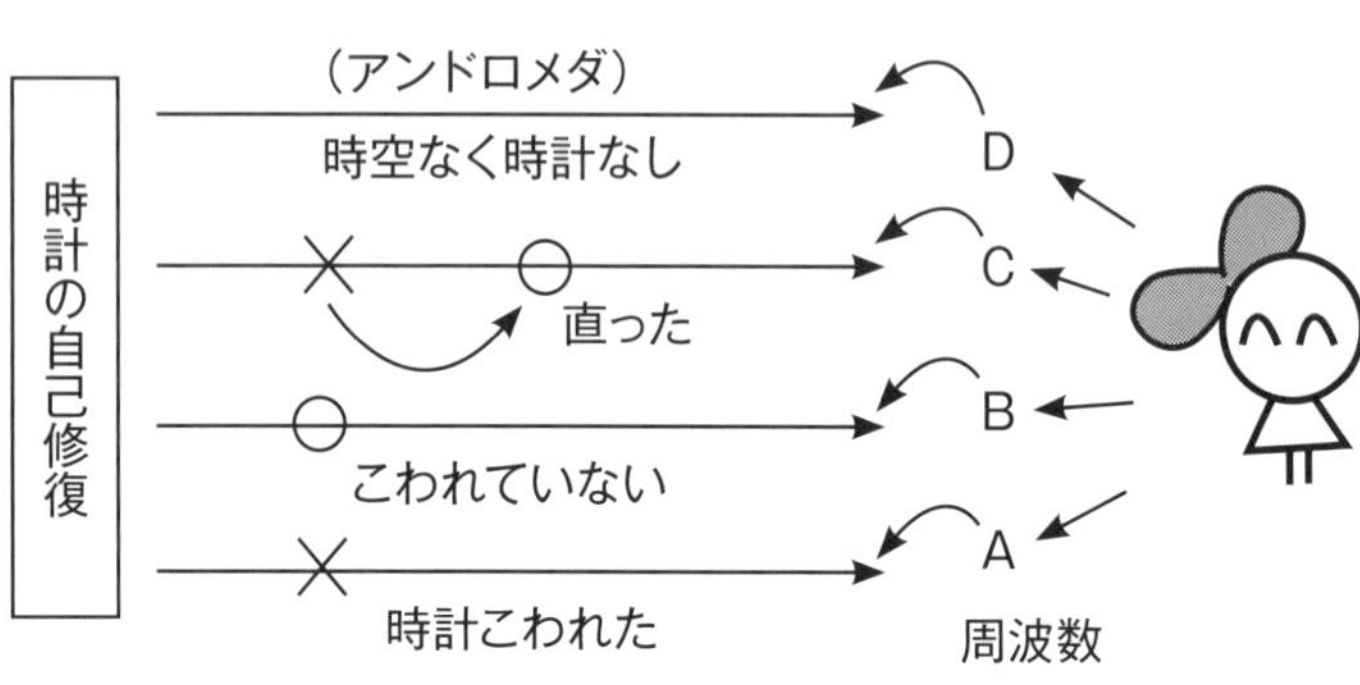

✡ パラレルは周波数セレクト

パラレルワールドは、周波数の変更で起きるのです。今回起きたことはこうです。今までは、腕時計が真っ二つに壊れているパラレルを選んでいたが、周波数の変更のせいで、腕時計が元の状態であるパラレルに移動した。送った本人がです。

腕時計が元の状態であるパラレルなど、存在するのでしょうか？

いくらでも存在します。

●もともと壊れていなかったパラレル
●修理して直したパラレル
●他の銀河のパラレルなので（例えばアンドロメダ）、そもそも時間自体が存在せず、したがって時計も売られていないパラレル……など。そこに飛ぶのです。では、パラレルワールドの数は？　私がかつて最初の新潟の講演会でその質問をした時、一人の真面目顔なお婆さんが、「６本！」と答えました。驚きましたねえ（笑）。でも、答えは違います。

無限。可能性の総体がアカシックレコードには存在しますから、無限。

そこから、あなたの周波数がセレクトされるのです。

宇宙はレゾナンスで出来ている

ヒーリングウェーブから出る音により何で周波数が変わるのか？

「共振共鳴」で起きます。実は、**この宇宙には「共振共鳴」しか起きていません。「レゾナンス」とはそのことです。「共振共鳴」＝「レゾナンス」**

レゾナンスは、科学的原理、物理法則に基づくもの。部屋にバイオリンを二つ置き、片方のＧ線だけつま弾くと、もう一つのＧ線が鳴ります。他の弦は鳴らないのに。１０１・３ヘルツのＦＭラジオ局からあなたの家のラジオまで、共鳴して音楽などの情報をくれますが、それは惑星探査機からでも可能なように、距離に関係なく共鳴して送れます。アラーム付き

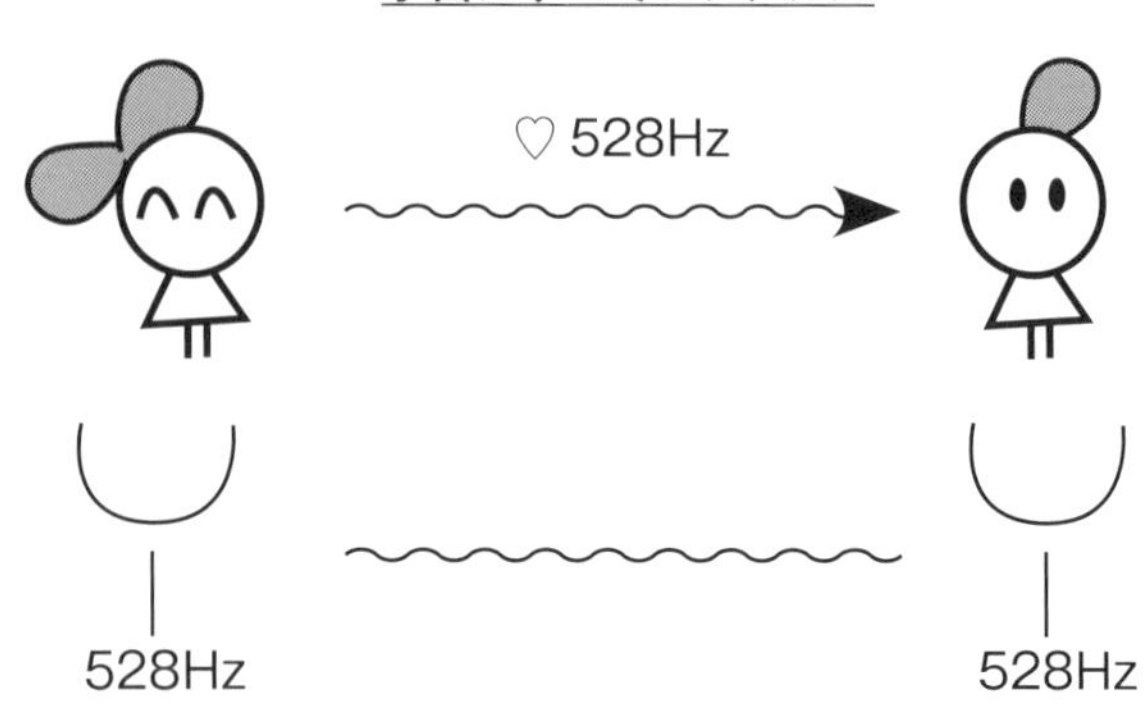

のリモコンキーでも、周波数をドアロックと正確に合わせて、解錠します。これがレゾナンスです。

「主体」から対象物に向かって特定の周波数（音）を送ると、主体と対象物の間に一本のギターの弦が通ると思ってください。あなたである主体側が弦をはじきます。それが愛の周波数（例えば528Hz）だとすると対象物側は？　そう528Hzで震えます。弦の両側を互いに持っているため。愛を送ったのに、5寸釘の周波数になることはあり得ません。

この宇宙では、すべてが共振共鳴するか？　しないか？しかないと言ってもよいでしょう。

例えば、吉田統合研究所メンバーの環木瑠美ちゃんがオーストラリア人とzoomで会話している時、音（周波数）を送りました。すると**zoom上で、刻々と変わってゆく相手の顔の変化に驚嘆したそうです。**「リフトアップ」、

「愛」その他の音でした。

届くのに時間はどのくらいかかるのでしょうか？

ゼロ秒です。東京の目黒区八雲から何度も遠隔しています。ウクライナのキーウ郊外に「遠隔」しました。朝８時に送った周波数は同時刻にリディアという研究所の支部長に届いており、びっしょりの汗をかいた。シャワールームから出て来たのか？　と聞かれたそうです。２日後の血糖値にも驚嘆したと言ってきました。これに類した例は後を絶ちません。

時空は脳の解凍イリュージョン

では、なぜゼロ秒なのでしょうか？

数千人による４年間の実験により、結論だけ申し上げると、空間が無いからだというしかありません。空間は実際あるではないか？　と思われるでしょう。しかし、私が開催する【覚醒チャレンジ】で体感するのは、**空間は周波数にすぎない、ということ。どうもこの地球近辺だけ、周波数の違いを空間に翻訳（スペースイリュージョン）する機械を使っている。**

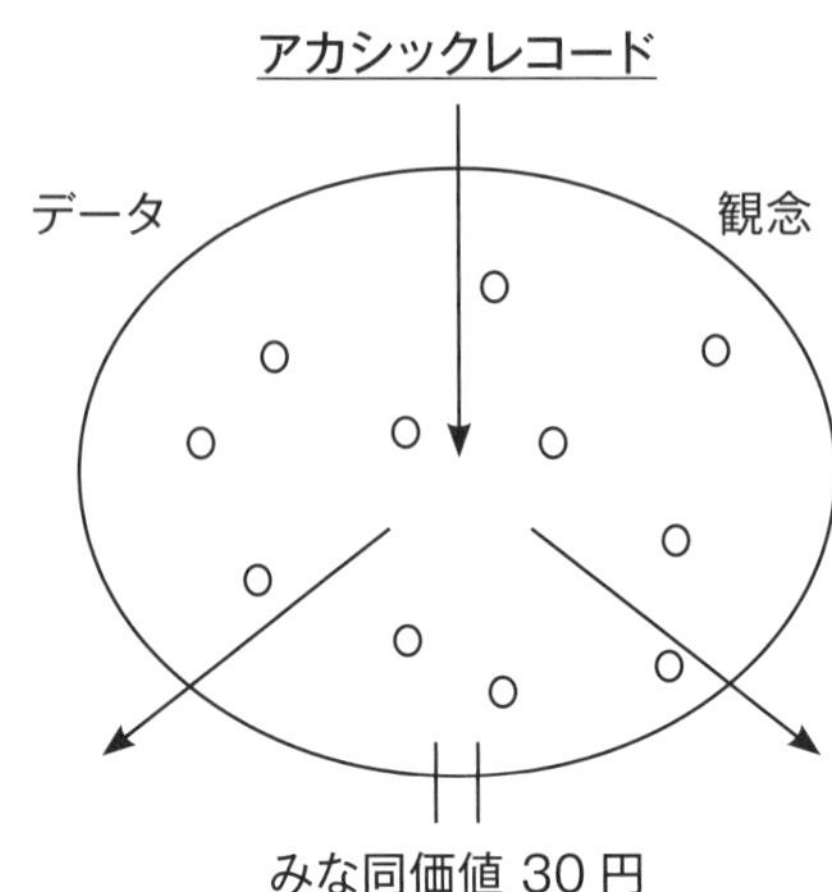

それは何でしょうか？

そう、脳です。脳が周波数の違いを空間の位置の違いに翻訳（解凍）してしまう。同時に、時間にも翻訳します。時間と空間に解凍する。何を？　一つのデータをです。それは特定の周波数をもっています。どこにあるデータなのか？　アカシックレコードです。アカシックとは、宇宙全ての情報の貯蔵庫であり博物館です。

アカシックレコードのストックには、時間、すなわち過去や未来がありますか？　いいえ。**時制がありません。過去生みたいに見えるものも、未来生のように見えるものはありますが、実は無時制です。**

例えば、腰蓑一つで天岩戸の前で踊っている自分の姿（に解凍されるデータ）を見たならば、過去生だなと思うだけですが、それは霊能者などの判断に過ぎません。操縦かんを握りしめテレポーテーション真っ最中の自分を見たならば、未来生であると思うでしょう。しかし実際は、「無時制」なのです。ただのデータです。あなたが体験を生じるための鋳型、周波数の鋳型なのです。宇宙には、いつ？　が無いのです。

過去生、未来生はあるの？

誰のですか？

いいえ！誰のでもありません。アカシックレコードにあるデータは、万人の物です。あなたのでも綾瀬はるかのでもなく、ケロヨンのでもありません。**宇宙にはア・フォストロフィー・エス（'ｓ）が無いのです。だから、誰の過去でも未来でも（時制はないが）選べます。**だから、あなたは光明皇后の過去生でも卑弥呼のそれでも選べるのです。

一部の科学者は、過去生や未来生を認めません。一方スピリチュアルの一部の方は過去生や未来生があると思っています。どちらが正しいのでしょうか？

真実はその中間にあります。

パラレルワールドなのです。アカシックにある一データを解凍して三次元化した結果、なかったはずの時空概念の中に無理やり押し込められた結果、それが過去や過去生、または未来や未来生に見えたのです。実は、パラレルワールドしか無いのです。その元はアカシックレコードにあるただのデータ。

そのデータは、どうやって選ぶのでしょうか？

周波数によってです。今あなたが、人生の絶頂にあるとします、悪い方の。全てが悪く見えますね。すると、その意識状態（周波数）に見合ったデータをアカシックから下ろしてきます。

降りてくる時、マカバ構造に変異します。二つの▲▼が重なったものですね。**片方の▲の三頂点は、過去現在未来という時間を創り出します**。するとあなたは、「記憶」を過去に配置し、昔から何をやってもダメだった（すいません）という記憶を持ったと思いこみます。そして、未来側に持ってくるのは、記憶とは言いませんから「予測」ですね。このまま行ったら、自分の娘は嫁にいけないんじゃないか？　とか、そもそも自分がいけないんじゃないか？（笑）とか思います。

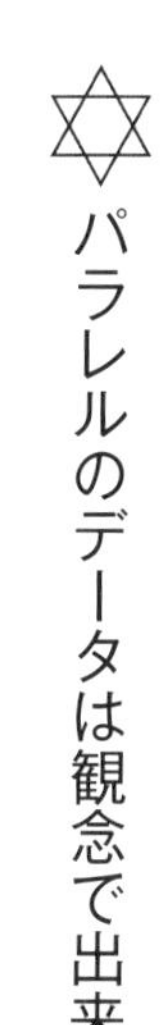

パラレルのデータは観念で出来ている

これらの過去現在未来は、アカシックレコードにあった時には、ただのデータ、またはエネルギー。それが地球三次元で解凍されると、右記のような時間ホログラムに解凍される。元は、ただのデータでした。ではそのデータとは、何でしょうか？　**「観念」なのです。観念が周波数を生み、その特定の周波数が特定のパラレルワールド、すなわち人生を捏造（ねつぞう）するのです。**

何のためにこんなことをやっているのでしょうか？　地球以外で、こんなことをやっている証拠はありません。そもそも地球内部でさえ、すべてがこの人間流人生を生きているわけではないのです。

例えば、微小生物のリンパ球やミトコンドリアが人生を強く感じている気配はあまりありません。ケロヨンに時空が見えているか？　にも疑問は残ります（ケロヨンっているんでしたっけ？）。彼らは、時空を作らないのです。いわんや、異星人をやで、宇宙の中でもこの時空の体験は、かなりローカル色をはらんでいる可能性があります。それを「ローカル私アトラクション」といいます。では、地球では何のために？

「ローカル私アトラクション」

「私」という幻想を見るため。現在、地球で生じている我々すべての体験は、その「私」という感覚のみから起きています。そして苦しみのすべてもです。**「個」であると宇宙はどう見えるのか？　どう味わえるのか？　が我々のテーマであり、「個」＝「私」であること、言い換えれば「やり手」であることで、どんな体験が可能なのか？**

そのためには、時間観念が不可欠でした。時間は、今でも実は存在していません。なぜ時間があると思ってしまうのでしょうか？　「記憶」によってです。成人式の記憶も今朝食べたご飯の記憶もある。だから、時間は流れているし、「私」もいるの決まっているじゃん。これなのです。**「私」がいると思いこむには、時間が、より厳密にいえば「記憶」が不可欠です。** **しかし、記憶は何でできたのでしたか？**

そう、宇宙の可能性データバンク、アカシックレコードでは、ただのデータ＝エネルギーに過ぎなかった、もともと観念由来のデータが、この次元に解凍されて、時間という幻想を

メモリーメイカー

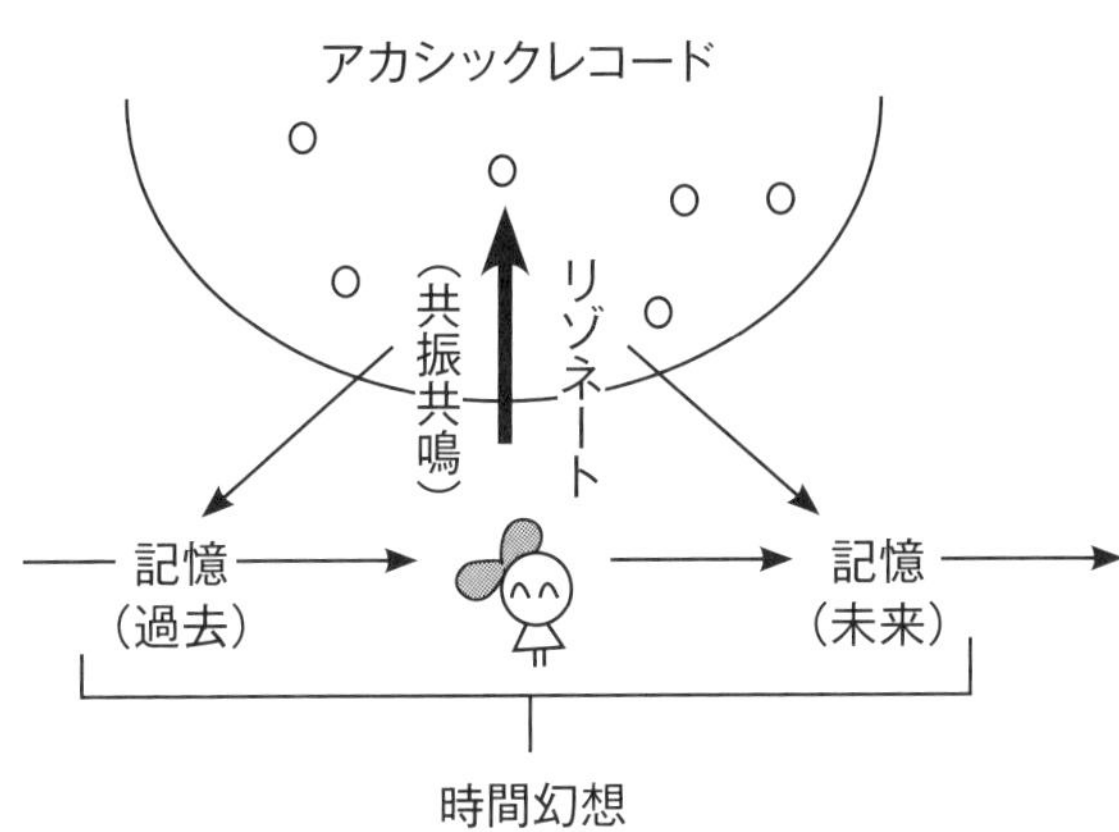

生んだときに、副産物として生じたイリュージョンです。本来は、ありません。ありません！とはどういうことでしょうか？

✡あなたはメモリーメイカー

あなたが、最近理想の相手に出会い、あなたを一生離さないよ！と言われたとしましょう。最高の女性（男性でもいい）だよ！と。テンション上がりますよね。さて、この時、宇宙にあるアカシックレコードに一つのフォーカスが起きます。あなたの意識、その周波数がデータの一つを選ぶのです。選び出されたデータが、この次元に降りてきます。すると、過去―現在―未来が出来ました。実際は、時間は流れておらず、過去の記憶があるだけですが、その記憶はこう言っています。

「昔から、異性にはモッテモテだったよね～！」

では、未来の予測は？

「まあね！あと20年は異性に不自由しないわ！うっふん。」

いい加減なもんですね。いや、別にこれで良いのです。あなたのバイブレーション、周波数が高いために、そのように思ってしまうのです。

何が言いたいのでしょう？

そう、しょっちゅう変わるということです。実は、あなたの秘密の仕事は「メモリーメイカー」＝M.M.なのです。知ってましたか？ M.M.＝マリリン・モンローではありません。記憶はいつ変わるのでしょうか？ 毎瞬です。なぜかと言えば、周波数は毎瞬変わるからです。え？ そんなに毎瞬？ 困りましたね～！そんな一貫性の無いことで良いんでしょうか？ いいんです、というかそれが宇宙の常識なのです。

時間感覚から自由になり、パラレル的な見方ができるようになると、我々は毎瞬別人であることが分かってきます。今、地球人に最も必要なインフォメーションの一つがこれです。あなたは毎瞬別人である、と。

別人28号とは？

この小見出しが分かる人は、若い方だけでしょう（笑）。私は、令和生まれですが（笑）、本当は「今」生まれなのです。毎瞬別人だということは？　我々人間は、毎瞬変わります。何が？　周波数がです。周波数とは、あり方です。周波数、あり方は、観念によって変わります。観念の違いは周波数の違いです。自分が長女か？　女か？　ホモサピエンスか？　哺乳類か？　という観念の選択により、異なるデータをアカシックから下ろす。**データはエネルギーであり、解凍されてマカバとなり、片方の三角形から過去現在未来という時間イリュージョン（幻想）を創り出す。**

さて、もう一つの▼が余っていますね？　そう、こちらの三頂点は空間のXYZ軸を創り出し、なかったはずの空間をあなたの周囲に現します。ホログラムとして。アカシックにあった時には、ただの観念、周波数であったものを、空間に閉じ込められて、位置のどこかを自分が占めるという架空のマトリックスにしてしまう。

マカバの二つの▲▼が、こうして時間空間というありもしないイリュージョンを創り出し、

巨大な時空の中に生息するちっぽけな個人という、またとなくチンケではあるが、珍味と言えなくもない人生を体験できるのです。他の宇宙では、そんなに流行っていないこの「ローカル私アトラクション」はこうして繁盛してきました。が、最近飽きました！という多くの「私」＝「個」のご要望により、今回この本が世間に出るわけです。

第3章

不自由な「私」と自由なプルシャ

主語なしのパラパラ体験

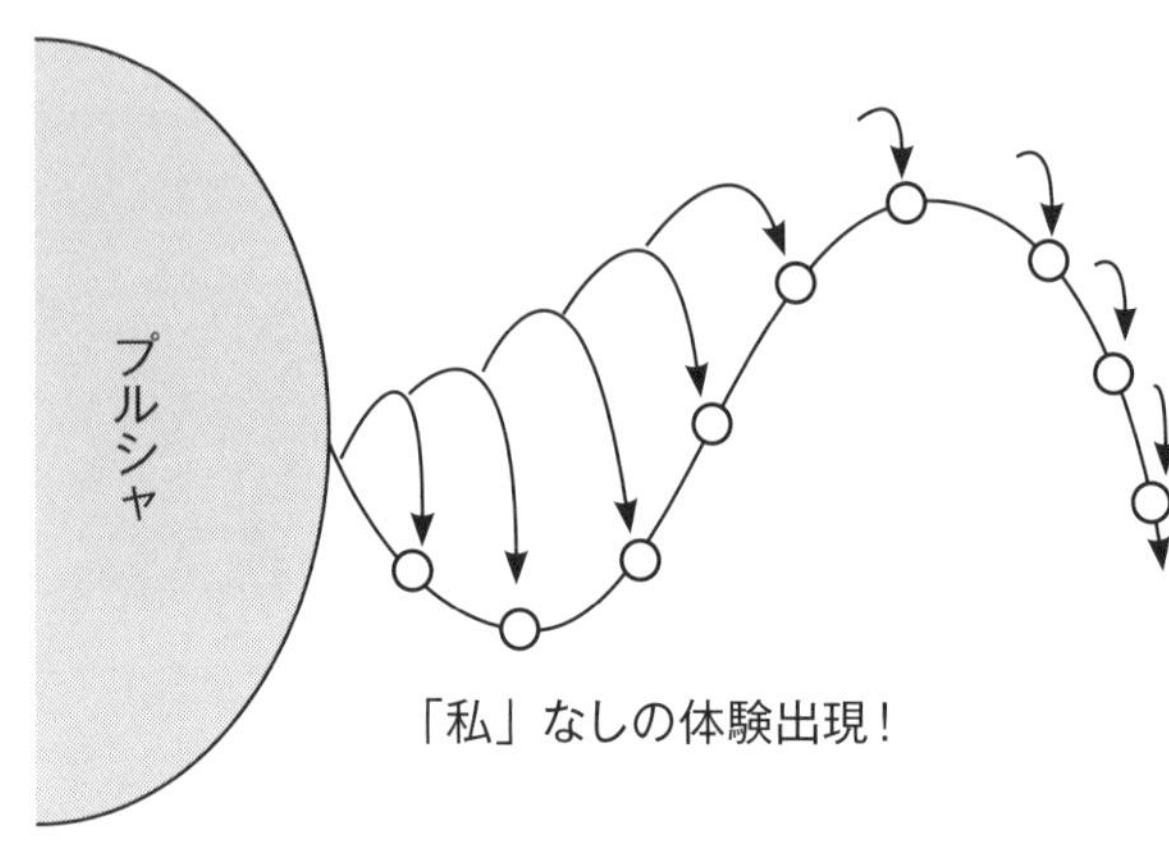

あなたがいなくなる？

さて、宇宙には時間が実際はないので、書き直してみましょう。43ページに、リボンをつけたあなたがいました（キャラクター名は「アタチ」）。アタチは、ある周波数をもっています。この宇宙に周波数をもっていない存在はいません。**周波数をもっているのが、存在の定義です。振動しているのです。**この周波数に見合った適切なデータが、アカシックレコードから選ばれてきます。明るければ明るいやつ、暗ければ暗いやつが。

そのデータは、この次元に降りてくる時マカバになりますが、このマカバがある意味あなたなのです。このマカバは時空を空想します。マカバの各三角形が創り出す、時間と空間の中にあたかも「私」（捏造されたイリュージョン）が存在するかのような世界観を創り出す。すなわちあなたはメモリーメイカーでしたね？　Ｍ．Ｍ．。これはいつ起きるんでしたっけ？

毎瞬です。ということは、毎瞬異なる時空に住んでいるんじゃないですか？　あなたは。では、あなたの人生はどのくらい長いんでしょうか？　すなわちパラレルの寿命です。１秒です。正確には、１秒間に１００万回周波数が変わっています。だから、毎瞬違うパラレルを生きているのです。さて、毎瞬違う人生を生きているあなたとは、いったい何者でしょうか？　その直前の人生、パラレルと、今のパラレルは関係がないということですよね？　では、毎瞬異なるパラレル＝人生のあなたとは何？

そもそも、それをあなたと呼ぶ意味があるでしょうか？　（48ページの図）

ないのです。

「え⁉︎　俺がいないなんて、よくぞほざいたな！許せねーぞ！」って言うんでしょうか？

あなたがいなかったら、このパラレル体験現象とは、何なんでしょうか？

実は、「体験」が生じているだけなのです。毎瞬。すなわち、毎瞬毎瞬、体験だけがパラパラと生じてくるエキサイティングアドベンチャーが、宇宙なのです。少なくとも、宇宙のここら辺では。あなたの体験ではありません。体験しているのはあなたではありません。

「体験」が「体験」しているのです。宇宙には主語がないことに徐々に慣れて行ってください。

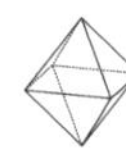

「私」がいると楽しめない

あなたがいない可能性を見てしまったら、嫌ですか？

では、不幸せな人を観察してみましょう？

彼は、自分のことばかりを考えています。鬱の人は例外なくそうです。自殺する人もそうです。「私」のことだけを考えてみてください！もれなく鬱になれます。一方、「私」のことを考えない人を思い出してください？　人を幸せにする人、ボランティアが好きな人、砂遊びやハナイチモンメが楽しすぎて、夕ご飯にも帰りたがらない人が、楽しんでいる時に「私」を感じるでしょうか？

大好きな友達と喫茶店でだべって、あっという間に3時間、あまりにも楽しい時、「私」すなわち自分を意識するでしょうか？

「私」を意識するときは、例外なく、楽しめない、よそよそしい、防御している、いうな

れば不幸なのです。試しに、「私」を意識して遊んでみて？　充分に楽しめないことを発見するでしょう。「私」があると、楽しめないのです。

地球人だけ「私」？

何故でしょうか？

もともと「私」意識がおかしいのです。どうも、地球近辺だけ、「私」が流行っているみたいです。地球上ですら、人間以外、「私」とはあまり思っていません。アリさんや、アオガエルが、「アリ一匹の革命」や「基本的カエル権」をアピールするでしょうか？　小さくて可愛い屋久島のアカウミガメの赤ちゃんが深夜に海に向かって可愛く歩き出しますが、１０００匹中９９６匹ぐらいが、食べられたりして死ぬそうです。しかし彼らから抗議集会やゼネストが起きたことは一度もありません。生き残った４匹を生かすために彼らは死ぬのですが、誰も文句を言わないのです。

アカウミガメは、人間より出来た存在なのでしょうか？

まあ、そうなのです。が、アカウミガメには「私」がありません。**全体で一匹と思ってい**

る節があります。鳥もそうです。魚も５０００匹で一斉に泳ぎ、驚くことに全体で真ん丸になったりします。自分がその球のどの位置を回ったら球を作れるか？　どうして知るのでしょう？

彼らは、全体で一匹なのです。全体から見れば、何をすべきか簡単に分かるのです。すなわち、地球でも、「私」を強固に持っているのは、我々人間だけだということ。今、宇宙から来ている情報を信じるなら、宇宙の高次エンティティたちも、おおむね「私」が少ないか無いのです。

何故、こうなったのでしょうか？　そもそも、宇宙は何のために生じているのでしょう？

あなたは誰か？

まず、あなたが何者か？　です。

宇宙が始まる前には、何もなく、プルシャと呼ばれる存在だけがありました。最初に無かったものは、今もありません。最初にあったものは、今でもあります。したがって、**あなたはプルシャです。プルシャの被造物でも無ければ、プルシャの子供でもありません。プル**

シャが分かれたその一部があなたなのでしょうか？　いいえ、プルシャそのものです。プルシャは、均一な絶対的存在あり、分割ができません。

その何もない、虚空の海であったプルシャ（あなたのことです）が、存在するという観念を浮かべました。すると存在が生まれた。具体的に言うと、対象を生み出したのです。プルシャは、絶対唯一の主体ですが、すべてのすべてがプルシャなので、自分を見ることができません。あなたも、試しに自分の目を自分で見てみてください？　見えましたか？　カタツムリでなければ見えないでしょう？　**だから、プルシャは対象物（他者）を生み出しました。観念で。**

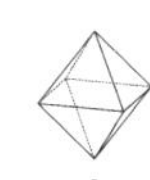

宇宙は自己周波数の観賞

例えば、あなたは猫が好きですか？　私は好きすぎて、猫の頭をなぜて「可愛い！可愛い！」とやっていると、その子が自分なのか？　自分が猫なのか？　分からなくなる時があります。

もしあなたが、猫を可愛いと思ったとすると、それはあなたの中に可愛いという波動が先にあるため。ちなみに、ネズミは猫のことを可愛いと思うでしょうか？　可愛いけど、パックン！では拙（まず）いですよね。だから、きっと可愛くないと感じると思います。この場合、ネズミの中には、その種の可愛いという周波数が無いのです。

あなたは、音楽が好きですか？　私は、大好きなバッハを聴いていると、生きていて良かった！と思い、テレサ・テンを聴くと、生きるのって辛い！と思います。あなたは音楽で感動しますか？　もしそうならば、あなたの中にはそれに見合った高い周波数が存在します。それなしで感動は起こりません。先に述べたレゾナンス＝共振共鳴が起きたのです。

このように**プルシャは、対象物（他者）を創ることで、自分の内部にある周波数を味わおうとしました。これを宇宙と言います。**

今、あなたの目の前の物を見て意識が生じていますね。では目をつぶっていただけますか？　どうでしょう？　意識が少し減りませんか？　次に、耳が聞こえているので、耳も閉じていただけませんか？　どうでしょう？　意識がさらに減りませんか？　でもまだ、鼻の穴とお尻の穴が開いていますよね。いけません。そこも閉じてもらえますか？　いいえ、冗談です。ポイントはこうです。

人間の持つ五感を一つずつ減らしてゆくと、意識がどんどん減ってゆき、最後には何も感じなくなります。ここから何が分かりますか？

意識とは、対象物のせいで起きるということ。言い換えれば、対象物という幻想なしには、意識がない、すなわち体験が不可能なのです。主体と対象、自他の分離、二極の分離、それによって意識が生まれたのです。あなたの意識がある原因は、対象物のせいです。そして対象物の集合体が、宇宙なのです。

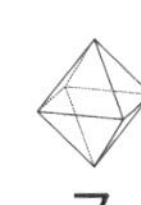

スペースプロジェクター人間

しかし、不幸の原因もまた対象物。

困りましたね〜！古代には大した問題ではありませんでした。縄文やシュメールの頃、空や雲の有様は、見る人の波動、周波数、観念がそのまま写っていました。ほとんどが美しく、清らかだったでしょう。**日本人は、空間を神と思っていました。だから、環境を浄化し、美しくし、イヤシロチとするため、ありとあらゆる芸道を創り出しました。華道も、日本舞踊も、弓道も道と名の付くものはすべて、結果的に空間を高次元に高めます。**今でも、霊山や磐座、沖縄の御嶽（うたき）（聖地）に行けば、ほとんど何もない空間に霊性を見出す伝統が息づいています。

宮古島の聖地、宮古神社を訪れたとき、驚きました。境内の中央には大ぶりの賽銭箱があり、この聖地で最も目立つのが、なんと80ｍ先からでも見える巨大な文字「賽銭箱」！そして、その隣の「ごみは持ち帰るように！」。いかにこの地の人々が、物に重きを置かないかということです。日本では多くの場合、きらびやかな本殿ではなく、簡素な奥の院や磐座近辺の空間にエッセンスがあります。動物たちも、よく神社などに集まって来ますが、実はその場の空間のエネルギーが好きなだけで、建物は邪魔かもしれないのです。

さて、昔は良かったんですが、現代のように波動が落ちてくると、欲望が心を占めるようになり、その世界観の中では、**「対象物」が脅威に感じられて来たのです。自分の中の低く荒い波動が外に表出したものが「対象物」になっているため、怖い！脅かされる！と。**

恐怖か欲望か？

さて、その反対の場合、羽生結弦(ゆづる)君などの対象物は、欲望の反映として執着の相手になり

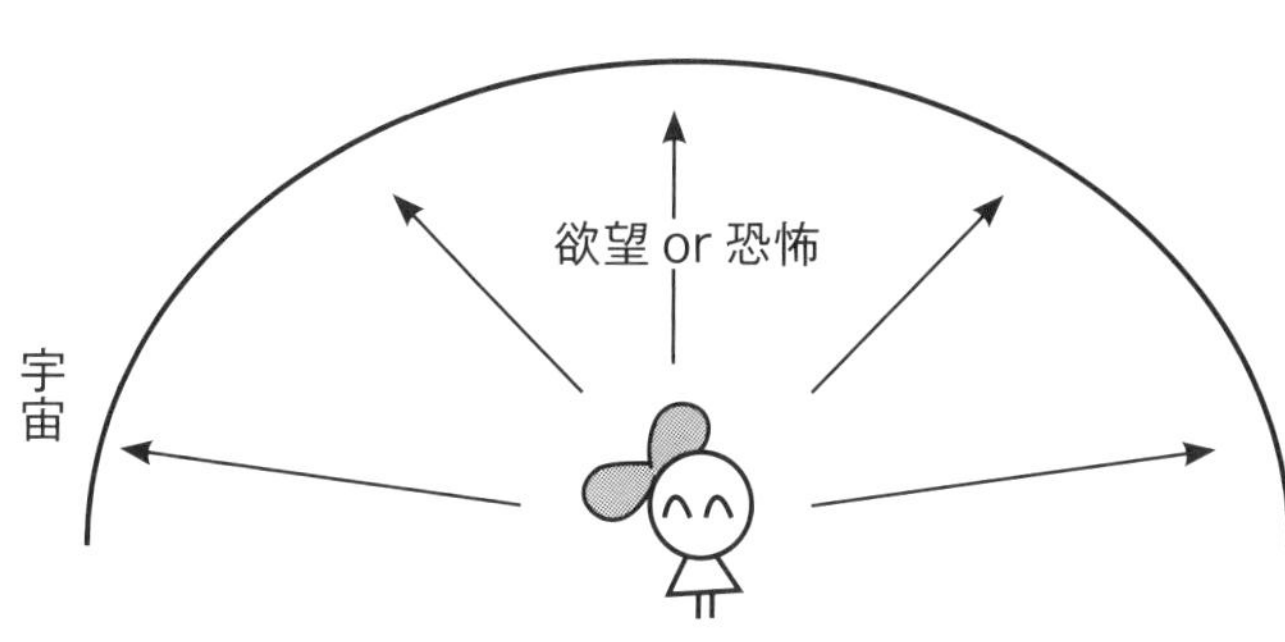

ました。欲望が生まれた理由は何でしょうか？　**人や自然、または宇宙との一体感がないために愛や幸せを感じられないからです。その代替物を求める作用が、「欲望」です。**

例えば、結弦君はかっこいいですか？　ですよね。かっこいい！と楽しんでいるうちはいいのです。それがそのうち、彼でなければだめ！彼がいない人生なんて！旦那を打っちゃってても結弦君！となってくると、結弦君も困りますよね？　じゃなくて、そう思う本人が不幸なのです。自分の心の中の欠乏感を埋める対象として、羽生君をだしに使うからです。

そこに執着がめでたく誕生しました。幸せが足りない人が、その欠乏感を埋めるために相手に執着し欲望が生じる。この人でなければ、あたしはダメ！と。そこで、地球界の愛憎劇が生まれてくるのです。

間違った方向性のせいです。本当の満足、愛に満たされることを考えればいいのに、その安価な代替物として「欲望」に走る。ショッピングも蓄財もホストクラブも皆同じ。小さくは、酒、たばこ、女、麻薬。でもなかなか埋まらない欠乏感。もし仮に欲望の一つを達成しても、3日で飽きます。東大に合格した友人も、3日間は幸せでしたが、4日目には不幸になっていました。4日目からはまた新たな「欲望」＝「欠乏」に向かってまい進するのです。こうして一生が終わります。

さて、この宇宙はどうやって出来たのでしょうか？

これが分かると、パラレルワールドの移動が当たり前に起きるようになります。

注目してください。

プルシャの大冒険

すべては、プルシャから始まりました。プルシャは、原初の光です。プル＝ｐｒ＝前＝原初の。シャ＝光。感謝のシャは光。

プルシャ＝原初の光は、誕生したことがありません。しかも、不死なのです。プルシャ以外に何もない時、宇宙はありませんでした。いわば虚空の海です。自分以外に何もなければ、

何も見えず、何の認識もできないため、彼は二極に分かれました。すなわち主体と対象に。見るものと見られるもの＝対象物にです。

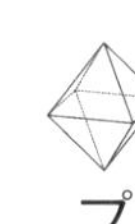

プルシャこそがあなた

先の羽生弦結君の例。くるくる回ってぴたっと止まる彼を見てかっこいいと思う理由は、見る側にかっこいいという波動があるからでしたね？

すなわち、**プルシャは、自分内部に潜在するその種の波動＝周波数を感じるためにだけ、対象物を創ったのです。**羽入君、猫、音楽以外にも、ケロヨンをはじめとする宇宙全体を創りました。

「奥さん！あなたが人生を体験するのに、良い宇宙ありますよ！」という感じで、宇宙が提供されました。誰に？　奥さんにじゃなくて、プルシャにです。誰から？　プルシャからです。え！じゃ一人芝居じゃね？　そうなのです。プルシャ、すなわちあなたの一人芝居なのです。お忘れですか？

ああ、言い忘れましたが、**この宇宙究極のプルシャとは、何を隠そうあなたのことです。**

あなたはプルシャ以外の何者でもありません。プルシャは、生まれたことも死ぬこともありません。気が付いたらいたのです。変わった人ですね。（人じゃないが）

ある日、何もない虚空の海に波が立ちました。「初めに言葉ありき」。聖書のヨハネ福音書ですね。ヨハネとは48音と書いてヨハネと読ませます。これは、日本語の大元であるカタカムナの48音のこと。その48種類の音、響き、周波数を使ってこの宇宙を創り出しました。宇宙は音でできたのです。

違う言い方をすれば、原初の虚空の海に「ブラーフマー」という音が鳴ったのです。すると、創造神ブラーフマンが現れました。その後様々な神々も登場しましたが、数十億年たって消滅しました。しかしプルシャは残ったのです。そもそも、先のブラーフマンがいた時ですら、その背後にプルシャがいました。さて次のブラーフマンが現れて、次の宇宙が出来ました。そしてその宇宙も数百億年たって消滅。でもプルシャは残りました。さて、このような宇宙が何回も生滅（しょうめつ）を繰り返し、現在は今のブラーフマンが宇宙を営業しています。これももうすぐ終わりです。あと数兆年もたてば店じまいで、プルシャだけが残るのです。

目的なしで遊びを遊ぶ

いかがですか？　**プルシャは、ブラーフマンや八百万の神より以前から存在するもので、神々のベース、そしてすべての宇宙のベースなのです。**

さて質問です。プルシャという、生まれることもなく、死ぬこともない存在は、目的や動機を持つのでしょうか？

持たないのです。ということは？　これから何が分かりますか？　宇宙には、究極の目的などない。全ては遊びなのです。体験する遊び。赤子の極致のような、遊びまくる命なのです。ということは、今あなたが達成しようと額にしわ寄せ、体に鞭打って四苦八苦しているその目標は要らないっていうことですか？

はい！そうです。必要ありません。ただ、そのプロセスを楽しむことは可能であり、自由。なぜなら、それも遊びの一環だから。思いこんだ中で自分をけしかけるというアトラクションですね。しかし、**必要でやっているわけではないということが肝心です。必要性は全く無い。義務感は100％不要なのです。宇宙には、何の必要性もありません！**

パラレルワールドを飛び回るには、ゼロポイントになることが必要だ、と言いましたね。

このゼロポイントとは、プルシャに近い状態なのです。だから、プルシャの情報を続けましょう。

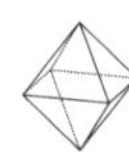

恋するフィーリングカップル5対5

プルシャは、宇宙を運営するに当たり、宇宙を存分に味わい体験しようとして、5つのヴァージョンを創り出しました。そして、その宇宙に恋したのです。ただし、5はこの地球の話です。

熊本県の幣立（へいたて）神宮にある5色神面。広島県の仙酔（せんすい）島にある五色岩。陰陽師の安倍晴明のロゴも五角形。三重県の二見興玉神社の夫婦岩のしめ縄の結び目も5つ。どうして、皆5なのでしょうか？

5種類の感じ方で、5種類の現れを楽しみたい！とプルシャが思ったからです。地球ヒューマノイド（五角形の生命体）として。まず、プルシャは宇宙を味わうために、5感覚を生みました。というより、**宇宙体験を現実にするために、自分自身の性質、感じる能力から5ヴァージョンの感覚を創り出しました。**

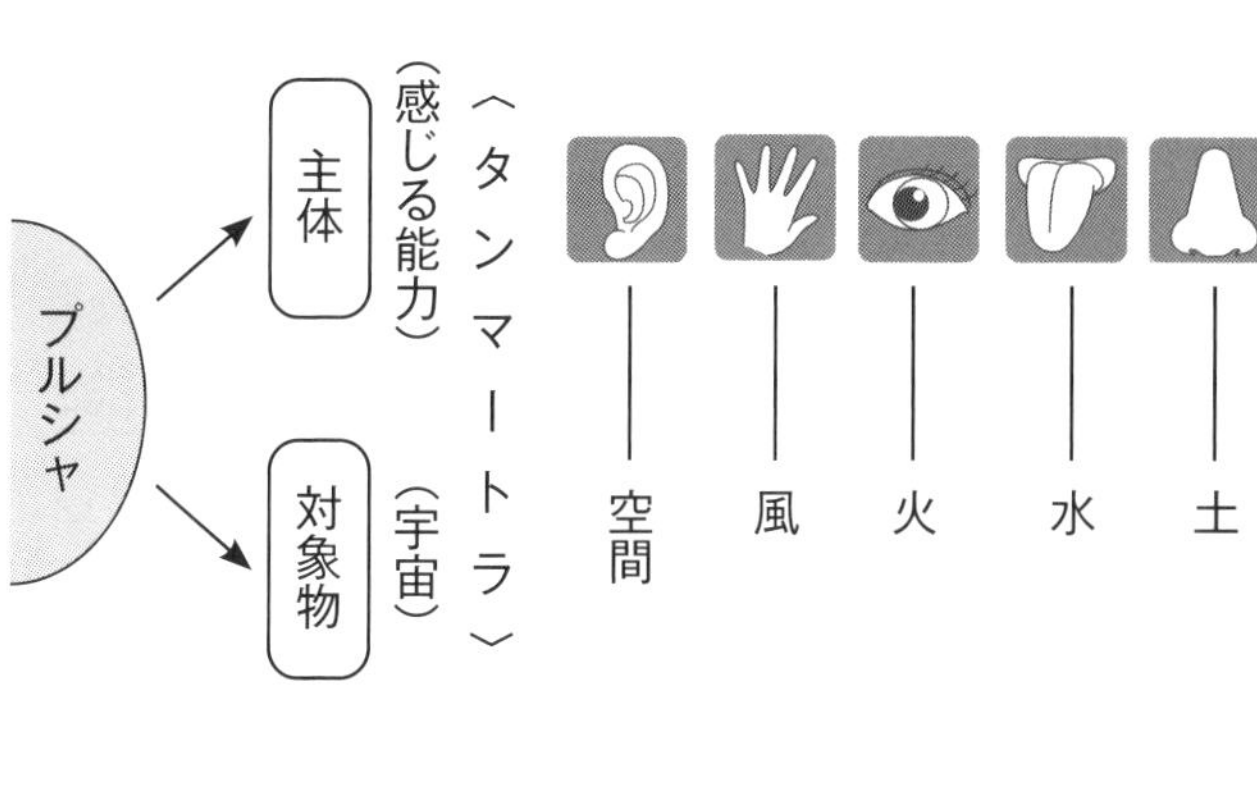

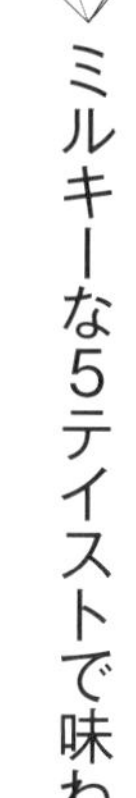

ミルキーな5テイストで味わう宇宙

まず、宇宙を聴いてみたい。耳で味わいたいということから、「聴覚」が発生。聴覚を満足させるには、空間の振動が必要なので、「空間」を創り出しました。アーユルヴェーダはリラ発祥の科学ですが、アーユルヴェーダの聖典には「5大元素と5感覚はタンマートラが創り出した」と書いてあります。タンマートラとは、プルシャが姿を変えたもので、5感覚と5大元素を創り出す機能のこと。

次にプルシャは、宇宙を触りたいと思いました。そこでタンマートラが、肌感覚のような「触覚」を創り出しました。触って分かるためには「動き」というものが要ります。その動きのことを、昔から「風」と言います。

「触覚」と「風」とは、同時に発生したのです。

次に、プルシャは宇宙を見たくなりました。若くて綺麗なお姉さんも、もし見ることができなければ、声だけ良いおばさんに負けますよね？　そんなわけで（笑）見るための火を、タンマートラは創り出したのです。

さらに、宇宙をなめたくなりました。プルシャって変な人ですよね？　いいえ、あなたのことです。イチゴパフェとか、けっこう食べませんか？　そして、宇宙を味わうには「水」が必要です。舌の上で美味しい！って感じるために、鋼鉄や岩石は不都合でしょう？　やはり、水が入っていないと味わえないんです。そんなわけで、**「味覚」と「水」は同時に出来ました。**

元々は、宇宙を味わいたいというプルシャの願いが発生させた現象で、実際はどちらもありません。**ただ、味わうという体験が周波数として先にあり、それを現実のものとするホログラムを創るために、体験一者を「味覚」と「水」に分けたのです。**

最後に、プルシャは、宇宙を嗅ぎたいと思いました。さらに変な人ですね？　いえ、こう言ったら犬に失礼でしょう。犬は、人間の10万倍以上も嗅覚が優れており、宇宙を味わう比重が嗅覚に偏っています。犬に入ったプルシャがそうしているのです。

アロマセラピーを知っていますか？　あれは波動を感じてるのではないですよね？　鼻に

固形物が入って反応しています。小さいですが、粒子です。もっと大きくなると、スギ花粉症のような現象が起きて、ハックション！となるのです。そう、固形物を味わっています。すなわち、**「嗅覚」と「土」の要素は同時に発生しました。**

こうして、あなたという「個」は、これら5大元素の混合、すなわち風＝ヴァータ、火＝ピッタ、水＝カパという3つのエネルギーの混合でできています。各々の混合比率が人によって全く違うことで、性格と体質のすべてが決められます。

あなたとプルシャの二人いるの？

いいえ。一人しかいません。「同行二人（どうぎょうににん）」ではないのです。もし、今あなたの中にいるプルシャがあなたから抜け出たとすると、どうなるでしょうか？　一瞬で倒れて、あの世行き。腐ってはい終わり。あなたが今感じている感覚、体温、エネルギー、思考、感情、体験、すべてのすべてはプルシャの物です。プルシャが抜けてしまうと、感じる能力も生命もエネルギーも１００％消え去って、はいそれまでよ！すなわち、あなただと今まで思ってきた存在は、丸ごとプルシャだったのです。今あなたがお菓子を食べている、その視覚、味覚はすべ

プルシャ人生劇場

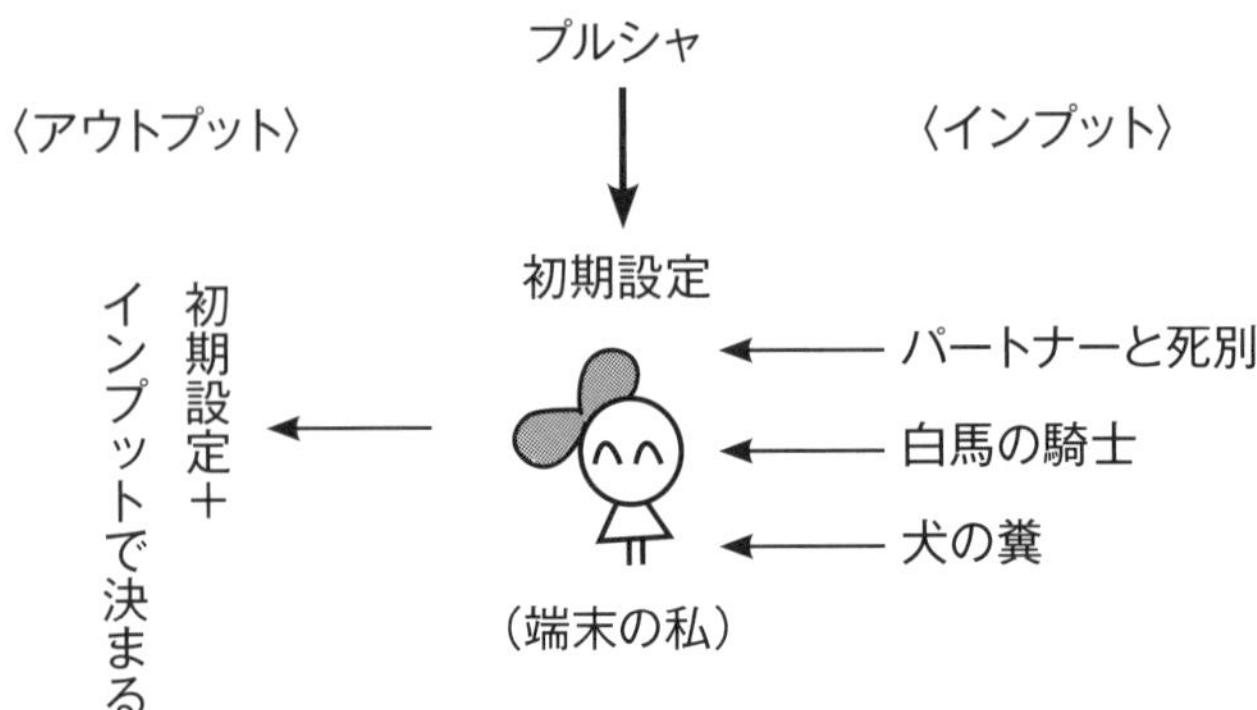

てプルシャが感じています。**プルシャ以外にそれを感じる存在は宇宙にいません。プルシャとは「感じる能力」なのです。そして、あなたは１００％プルシャなのです。**

実は、器＝アバターであるあなたの肉体に入り込んでいるのがプルシャだ、でもないのです。後で説明しますが、あなたの体や心、思考パターンに至るまで、プルシャが選んだ初期設定。そしてその初期設定は、「観念」で出来た物です。プルシャが選んだ「観念」があなたとして体験されているだけなのです。さて、ここでの結論は？

あなたは、いまだに１００％プルシャそのもの。「あなた」という観念の方がおかしいのです。

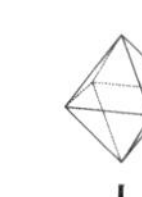

人生をリードしている存在は？

前ページの図にあるリボンの女の子、「ワタチ」をあなたとしましょう。その体質と精神傾向のすべてが、５大元素の混合であるピッタ、カパ、ヴァータの初期設定で決まります。

さて、何が決めたのでしょうか？

両親のＤＮＡ、過去生のカルマ（あると仮定すれば）、星回りなど。言い換えれば、全宇宙が総動員されないと、あなたの初期設定は決まりません。全宇宙とはプルシャのことですから、**プルシャが決めたということです。**

「アタチ」をＡＩすなわちパソコンだと仮定しましょう。すると、そこへのインプット（図の左）は誰の仕業ですか？

1．突然、連れ合いが借金を残して亡くなる。

2．白馬の騎士が、退屈な日々からあなたを救い出す。

3．犬の糞を踏む。

大分前から、これらのことは、その本人が引き寄せた結果だという考えが流布し、その種の本が飛ぶように売れています。それを信じるかどうか？　はさておき、この俗にいう「引き寄せの法則」では、**あなたの持つ「想念」「感情」がそれに見合った結果を引き寄せ**ると主張しています。では、あなたの「想念」「感情」はあなたが出しているのでしょうか？

例えば、今までで一番素晴らしい体験や出会いをした時、それはあなたが努力して引き寄せた結果でしたか？ イエスですか？ すでに数万人にこの質問をしていますが、一人以外はノーでした。

次に、朝起きてすぐに気分が悪くなったことはないですか？ とっても気分が良い日に、何の理由もなく不安にさいなまれたことはないですか？ 自分が良い女だと自負していたのに、ある時突然、「でもウエストがなあ、あと20㎝細ければ！」とか思いませんか？ 思わなかったらすいません。が、そのような思考や感情は、突発的に起きますよね？ これは、本当にあなたの自由意志で出しているのでしょうか？ 気分が良い時なのに、わざわざ不快なことを考える理由は？

プルシャが決めたイチゴ

いいえ！ 答えは、あなたから出ていません。プルシャが決めたものです。

アメリカの偉大な科学者にベンジャミン・リベットがいます。彼の発見した革命的事実は何でしょう？　主婦向けの話題に直して説明しましょう。ある日あなたは、毎日食べているマンゴーパフェのために喫茶店に行きました。

「おにいさん！いつものマンゴーパフェ、あっ！やっぱりイチゴパフェ！」

と言って、イチゴパフェに変えてしまったのです。科学者は凄いですね。この普通の出来事の原因を知りたいと考えたのです。イチゴ農家の集合意識が怨念となって彼女に注文させたのでしょうか？　彼の結論は違いました。

彼女が、「やっぱりイチゴパフェ！」と口にする**０・２秒前に、彼女の脳の中に何と、イチゴパフェを選ぶ信号が発見されたのです**。すなわち、彼女が自主的にイチゴを選んだのではなく、何者かがイチゴにしろと言ったのです。この実験は他の機関でも再検証され、同じ結果になったそうです。これは、イチゴパフェの場合に限りません。イチゴショートケーキやイチゴ大福の場合でも同じなのです（注：イチゴの研究ではありません）。さらに、あなたが理由もなく暗くなったり、または突然明るくなる場合も、０・２秒前に信号が入っている。

罪と後悔の消滅

これは、あなたは何も決めていないということじゃないですか？　いったい誰が決めているのでしょう？

プルシャです。プルシャはいったい何をやっているのでしょうか？　**あなたというアバター（着ぐるみ）に入り、想念、感情をあなたに送り込む。それに沿って、あなたがどういう動きをし、どんな体験をするか？　を中に入ったまま見ているということです。**もしこれが本当なら、今まであなたは間違いを犯したことがあるのでしょうか？

あっちの大学なら受かっていたのに！あっちの男を選んでいたら、こんな目にあわなかったのに！違う育て方をしていたなら、息子はグレなかったのに！と思いますか？

上記の実験が本当なら、あなたは何も間違っていません。そうなることになっていたのではないでしょうか？　なぜそうなりましたか？　プルシャが体験したかったから。以上おしまいです。落第、離婚、破産は悪いことじゃないのか？

いいえ。プルシャは体験がしたいのです。実は、地球以外では、ガン、破産、離婚、自殺も体験できないのです。だから、それらを通し体験をして味わいたいのです。せっかく地球に来たのだから。

しかも、それも一瞬で終わるので。プルシャの寿命、千無量大数×千無量大数年から見れば、たかが１００年など、瞬きやフラッシュにも当たりません。しかも、死んだとたんプルシャに戻ると分かっています。どうせホログラムにすぎない地球経験で何を見ようと、別に何とも思っていないのです。

要点は何でしょうか？

あなたは、失敗したことがないのです！1回も。頑張れば、もっとよく考えていたら、その経験はしないで済んだのでしょうか？　いいえ。それしか無かったのです。プルシャの決定は不可避です。Ｉｆがないのです。英語で習った仮定法過去完了If I had……は、宇宙には存在しないのです。

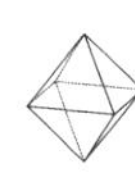

誰の自由意志？

さて、この理屈から言えば、責任も、罪の意識も、後悔も無くなりますよね？　人生から。人生ってそんな楽チンなことで良いんでしょうか？

そうです。とっても楽なのです。

しかし、逆に考えると、こんな不自由はないんじゃないですか？　という質問はないですか？　だって、すべてプルシャが決めたことしか起こらない。そして、アタチ＝アバター＝あなた側では何も決められない。じゃ、このアタチって何なんですか？　操り人形じゃないですか？

もしあなたが、このアタチ＝アバターだとすると、自由度は何パーセントですか？

そうです。０％です。では聞きますが、あなたはアバターなんですか？　いいえ違います。

じゃ、いったい誰でしょう？

プルシャなのです。このドラマの一切を取り仕切っているプルシャです。**あなたの初期設定も、出来事も、感情も想念も、そう体験すべてを取り仕切っているプルシャとは誰か？　そう、本当のあなたのことです。**アバターはあなたでなく、プルシャがあなたなのです。昔はそうだったのか？　ですって。いいえ、「今」そうなのです。あなたの思い込みが、こぢんまりした方を選んでいるだけです。アバターは、ごく小さな限定された存在。一方プルシャは、全宇宙より大きな全次元のすべてです。では、あなたがプルシャだとしたら、その自由度は何パーセントですか？　そう、分かりましたね。１００％です。この結論は何でしょうか？

０か１００か？　どっちにすんねん？

もし、あなたがアバター＝「私」だとすると、自由度は０％。プルシャなら１００％。そう、自分がアバターだと思いこんでいるうちは、自由の自の字もないのです。しかし、プルシャだったと思い出すにつれ、すべてのすべてが自由だと体感されてくるのです。**実は、本当のあなたであるプルシャが体験したいことしか、人生には起きていませんでした。そして全宇宙にも……**

それじゃ進歩がない？

すべてプルシャが決めていると言って、アバター＝「私」が何も努力しなかったら、進歩というものがないいんじゃないか？　こう聞く方がいました。どう思いますか？

１．まず、進歩は大切なんでしょうか？

2．進歩は努力で起きるのでしょうか？
3．アバター＝「あなた」は努力できますか？
以下が答えです。
1．進歩は重要ではない。宇宙が発生した時に、進化の極と退化の極が同時に発生した。今でもアカシックレコードに存在している。この両極でバランスが取れているため、片っぽを消せば宇宙全体が消えてしまう。したがって両者は対等の価値として宇宙に残り、存在している。宇宙には、どちらが上というデジタル志向がないので、進化が良いということもない。
2．進化は、プルシャの意向で自然に起きる。努力したい時はプルシャがそうさせ、したくない時もプルシャがさせる。いずれにしても必要なことが起き、自然に進化する。
3．架空の存在であるアバター＝「私」が努力したい時は、例外なくプルシャがそうさせており、したくない時はそうならない。したがって「あなた」が努力しているのではなく、プルシャが努力してそうする、という観念を浮かべた時だけ努力が起きる。**努力はただ起きているのだから、「あなた」は努力することなく、安寧の中にいればよい。**

第4章

分離の極を統合の極がやっている

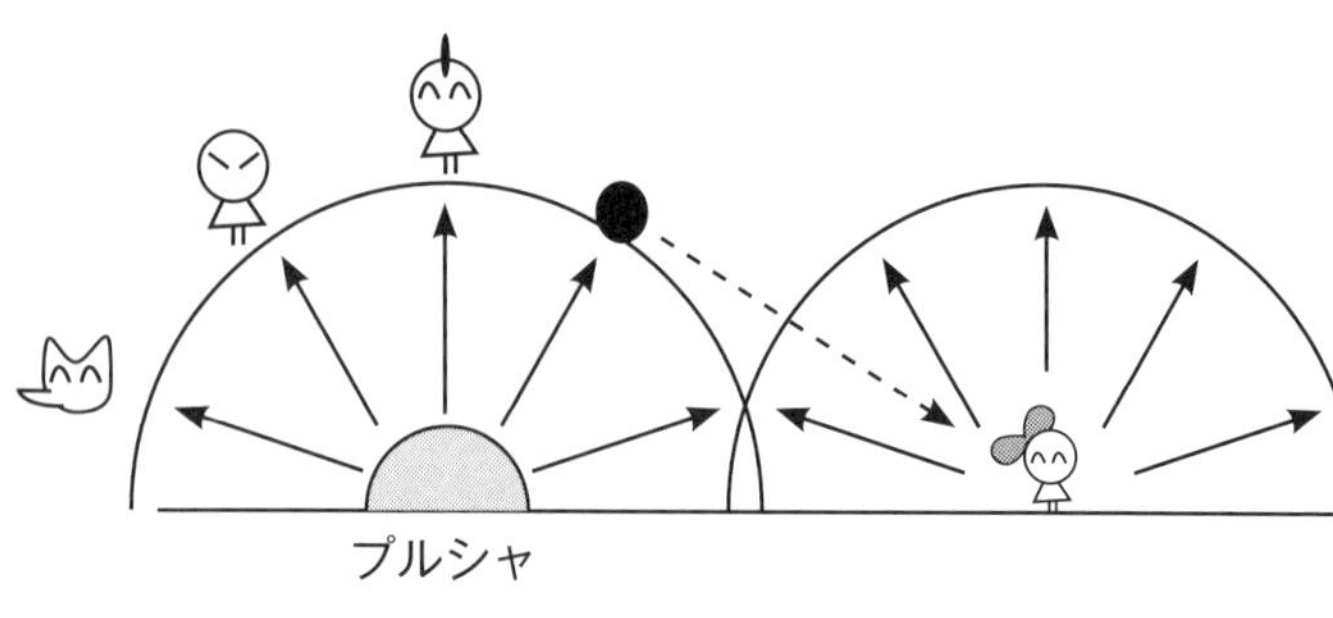

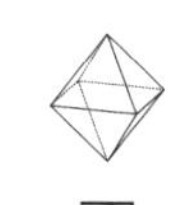

「引き寄せ」ではなく「二重レゾナンス」が起きている！

右だけなら不幸です。上の図を見てください？　半円はプラネタリウム。たくさんの星々は綺麗ですが、実は、真ん中にある発光元からの投射ですね？　その投射元が実はあなただという意味です。この考えだと、今、あなたが病気なのも、彼氏と冷戦状態なのも、痩せないのも、すべてあなたのせいですよね？　これは、旧来の宗教と同じではないでしょうか？　スピリチュアルと言っても、旧来の宗教と変わらないのです。

問題があるので宗教の門をたたくと、言われることは、「あんたの心が悪いからじゃ！」「じゃ、どうしたら良いんでしょうか？」「まあ、今回はキャンペーンなんで、80万円で何とかしてやるから！」「え～！80万なんですか～？　分割も利くんですか？」では、本当の問題は何なのでしょうか？

図の左側がなかったのです。真ん中のダイヤモンドは大きくて、カットが無限にあります。そのダイヤがプルシャ。そこから宇宙の天蓋すべてに光が放射されます、各々のカットから。その先には、たくさんの星々が現れますよね？　その一つがあなたなのです。あなたは星の精です。それが右の半球に来て中心にいるあなたになるのです。どういう意味でしょうか？

あなたがやりたくなったことは、すべてプルシャがやりたいこと、プルシャの意図が反映し、あなたが感情想念を駆使して、あなたの創る世界が出来たということです。では、すべての責任は？

　プルシャにしかありません。まあ、「責任」という観念は宇宙にもともと存在しません。今までの精神世界では、この左側が隠れたものが多かったのです。だから、自己処罰・他個処罰ばかりだったのです。タコも処罰されたのです。可愛そうでしたね？　右側のアバターさんすべてが、被害をこうむりました。しかし、すべてはプルシャがやっていたのです。あなたは、何をやってもよいのです。じゃ、世間に出て、可愛い子すべてのスカートをめくってもいいんでしょうか？

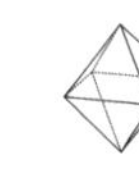

スカートめくりもレゾナンス

あなたは、やりたいのですか？

本当ですか？　なら、そうしたらいかがですか？　私も、隣で鑑賞することにしましょう。そして警察に、「あなたもイチミか？」と聞かれたら答えます。「ぜんぜん知らない人です」と（笑）。

そういうことをしたいプルシャは、極めて稀なケースと言えます。普通は起こしません。**相互に共振共鳴した同士しか関われません**。実際は、両者とも存在してはおらず、各々に入ったプルシャが特定の観念を持ち、その観念を体験しているだけです。では、スカートめくり（今は流行っているんですかね？　昔は、男子のマストでしたが）の場合は？

そう、めくりたい人がいるということは、めくられたい人がいる！ということになります（本当かね？）。潜在意識を見ないと分かりにくいですが。表面では、いやらし〜！と言っていても、内心まんざらでもないか？　それとも、怒りや不安心配エネルギーの解消として、女子の方がリゾネート（共振共鳴）した可能性もあります。すなわち、戦争の場合も、いくら攻撃しようとしたって、攻撃される観念がない場合、攻撃は絶対起きません。ですから、

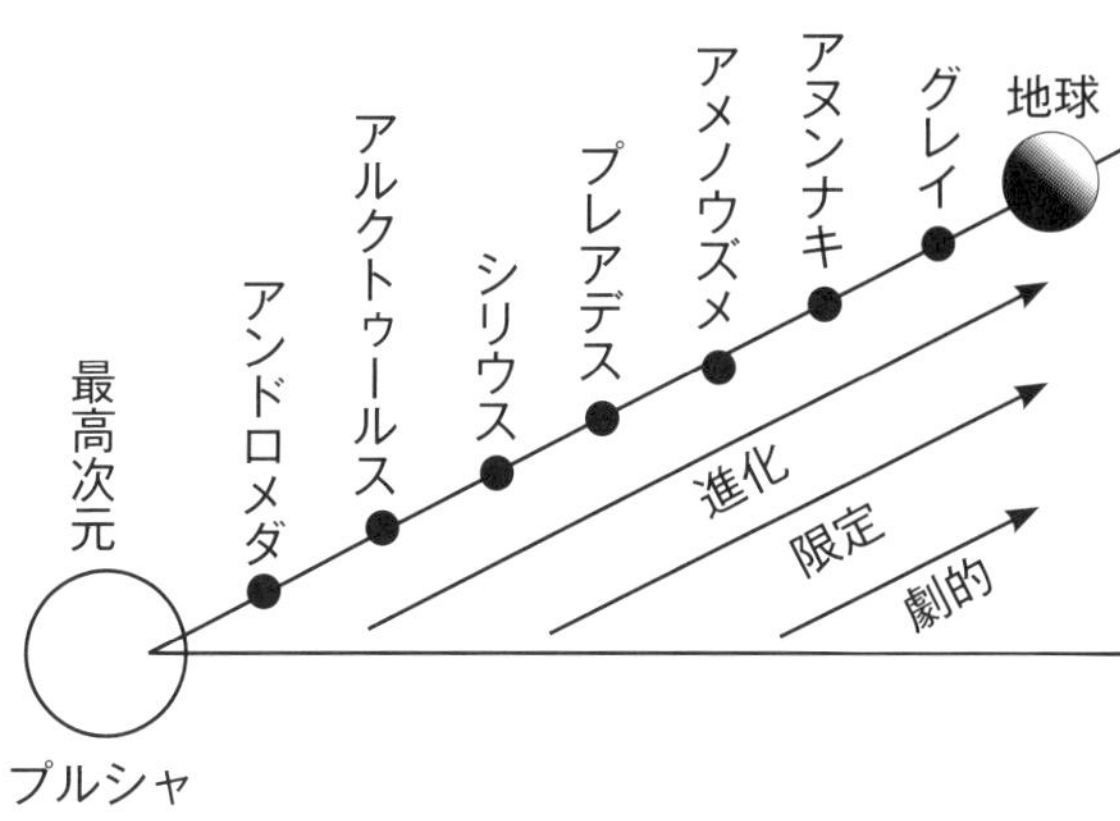

双方必要があって起きているだけ。もちろん深い理由もありますが、ただの外見だけで問題視しないことです。さて、結論は？

必要があって起きることは起き、すべてはプルシャの体験のため。プルシャはあなたである。したがって、アバターの「私」はいないので責任がない。すなわち、罪というものが無いのです。

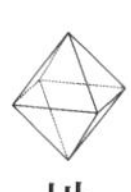

地球パラレルにやってきた訳は？

図を見てください？　変ですね？　プルシャが下で、地球が最上段の場所にありますよ。進化の先に地球があるなんて！間違いじゃないですか？　いいえ、そうじゃないんです。

はじめにプルシャは、オールマイティー＝全知全能でした。まあ！今でもそうなんですが、それではちっとも面白くなかったのです。

あなたはイケメンが欲しいですか？　男なら可愛子ちゃん。これがプルシャだったら、ハリー・ポッターのニワトコの杖を5万本くらい持っています。そして、1本を一振りすると、イケメンが5000匹ぐらい出てくるんです。嬉しいですか？　あなたがどんな服を着て行っても、似合うねー！綺麗だよ！君は最高の女性だ！と言ってくれます。マンダリンホテルのシェフみたいに料理も上手で、あなたのために作ってくれますし、疲れたら後ろに回って肩をもんでくれます。良いですよね？　さて、これが1週間くらいなら幸せです。でも、これが1年続いたらどうでしょうか？　ううん！飽きるかも、と答える人がいます。贅沢ですね？　イケメン無しが50年も続いた割には。さて、プルシャは、イケメン生活を何年続けたのでしょうか？

5000億年なのです。プルシャがどう思ったか？　は答えなくてもお分かりでしょう？　そう、「イケメンだけは二度と見たくない！」。

こんなわけで、オールマイティーは良いアトラクションじゃない！と、**プルシャは何でもすぐには叶わない世界を創りました。手間がかかる世界。それには「限定」を用います。**本来オールマイティーであるのに、その能力で限定を課し、アンドロメダ他の世界を創りました。しかし、そこも神々以上の存在ばかりで、一瞬で銀河が創れたりして、いまいち面白くないのです。そこで、シリウス、アルクトゥールス、プレアデスなども作りました。でもまだ良いことしか起きないし、スリルとサスペンスに欠けるな〜！と思ったんでしょうか？ルシファー、アヌンナキ、エロヒム、エホバ、アメノウズメ、イナンナなどを創りました。**創るとプルシャはそれ自身になり、その体験をします。**

そしてとうとう、ついに真打登場！宇宙でも大変有名な地球ができたのです。では、地球ってどんな星でしょうか？

地球：密度の濃さと「個」の際立ち！

現在の地球は第三密度。「次元」とは異なり、「密度」とは現実の重さ、深刻さの度合いを表します。これがとっても濃いために、大いなるプルシャを小さなホログラムである一個人に閉じ込めたのです。他の惑星では、密度が薄いため、人生が深刻ではなく、気楽に暮らしています。しかし地球では、息子が窓ガラスを割って20万円弁償だと言われただけで、激怒とパニックを引き起こせます。何事もシリアスに感じるのです。

さらに、第三密度の濃さでは、バラエティーに富んだ次元の存在が同居できます。マイトレーヤ（弥勒菩薩）と人間以下のとさえ思える低次元の人間が、一緒に暮らせるのです。楽しいですよね！その両極が抱え込めるほど、地球は度量が大きいのですが、それは密度が濃いということです。さて、こんなわけで地球に来たプルシャですが、どうやって来ているんですかね？　そう、**あなたに入って来ているのです。あなたは、プルシャです。**

何が問題なの？

問題はありません。ただ、苦しみが生じました。苦しみは、宇宙に元々なかったので、大変面白いものです。でも、これが生まれたメカニズムは？

プルシャは元々、宇宙を使って体験したいために、アバターをたくさん創り出しました。「個」と言い換えましょうか。全体そのものであるプルシャが、「個」を体験したかったのです。他の星にも「個」は存在していますが、地球のそれは一種独特。

すなわち、あなたのように小さな個人が「私」＝「自分」だと思い込めるのです。プレアデスやエササニでは違うと聞いています。３億人で一人。その星で、宇宙人の名前を「ケロピーオン！」と呼んだとしましょう。すると、３億人がいっせいに「ケロ〜っ！」て振り向くんです。ビックリですよね！正直。それは、３億人で一人だからです。

地球でさえ、鳥や魚、アカウミガメは、集合体を一人と見ているようです。プルシャが、集合体一つに転写している、入れ込んでいる、それに化しているのです。するると、何としたことでしょう！宇宙中で、**地球かいわいだけが、これほど小さなアバターを「私」と信じているということです。**凄いですよね？　だから別に構わないのですが、唯一の問題は「これが全ての問題の原因だ！」という問題です。

「私」って、そんなに悪いの？

ぜんぜん悪くありません！プルシャが始めから、それを体験したくてやっていることですから。

ただ単に、苦しいだけです。地球唯一の問題だ！とすら言われています。

先の説明で、大いなるすべてであり、自分以外は存在しないという絶対のプルシャであるあなたが、二極に分かれましたね？　それは、いつですか？　宇宙が誕生した138億年前ではありません。実は、毎朝起きています。

寝ている間、あなたは不幸ではないでしょう？　それは、睡眠中のあなた＝「私」がいないからです。「私」無しに不幸になることはできません。ところが、良くないのはアラームです。7時頃、じりじりと鳴り始めます。早すぎますよね？　正午くらいにすればいいのに。それでうっかり目を覚ましてしまう方がいるのです。私は、その手に乗りませんが。すると、1分以内に鬱になります。嫌～な気持ちが現れてきます。それを引き起こしたのは、何でしょうか？　カーテンレールの向こうに空が見えると同時に、あなたを意識し始めるからです。「私」の誕生です！スター誕生ならまだ良いですが、この「私」は問題ですね。人生が暗く見えるから、鬱になるからです。

宇宙全体だったプルシャであるあなたが、目を覚ますだけで、「私」になる。すると、宇宙の大半を向こうに持っていかれ、後に残ったとってもチンケで、無力で、すぐにやられてしまいそうな「私」になるのです。宇宙財産とエネルギーのすべては奪われたのです。もちろん、これは幻想です。が、「私」になったとたん、以下のことが生じます。

苦しみのすべてです。

ガッカリ「やり手」の図

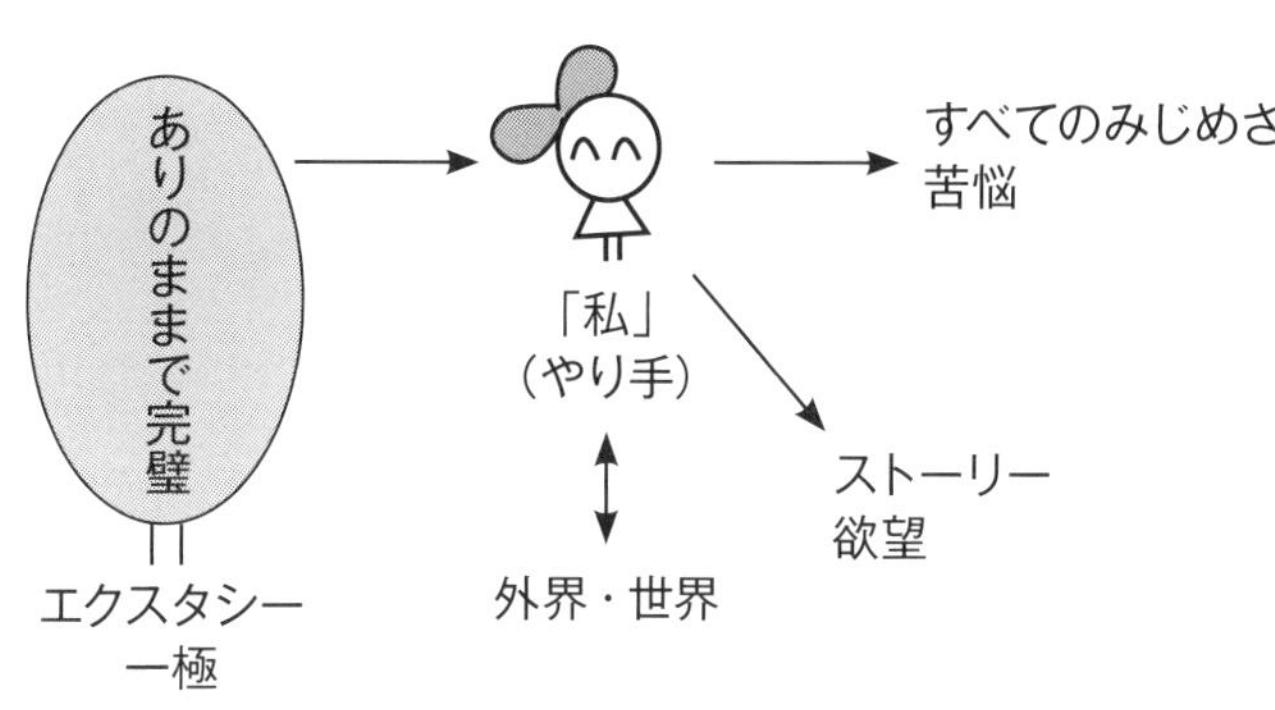

「私」が何かをやっているという感覚は、実に興味深く悲劇的です。「やり手」幻想と言い換えましょうか？

あなたが、大学入試を受けて落ちたとしましょう。ガッカリします。なぜですか？　入試を受ける主体である「やり手」があなただったからです。しかし実際は、プルシャがその落ちる方を受けたかったのです。なぜ？　知りません。おそらく、受かっていたら、もっと縁のある、あなたをより偉大にさせる大学に、または職場に入れないからです。もし、落ちたのが知床に住む雪之丞だった場合、あなたは不幸になりますか？　そんなことは無いでしょう。「あなた」＝「私」＝「やり手」が受験に落ちたのではないからです。あれ！ちょっと待ってください？　大学入試に落ちるという現象は、宇宙的に言えば、単なる物理現象なのに、あなたが関わるか？　関わらないか？　で何で変わるんですか？　ちょっと自意識過剰じゃないですか、お嬢さん！少なくとも、普遍的な態度とは思えませんよね？

あなたの娘が、出戻りになったとします。「お帰り♥待ってたよ〜！嬉っし〜な〜！」とあなたは玄関先で言いますか？　嬉しくないから、言い難いでしょう？　これも、「あなた」の娘だからでしょうね？　もし、出戻るのが、セネガルに住むンデホグブガヨさんだった場合、あなたはガッカリしますか？　しないんですか？　薄情ですね！私の友人ですよ。あ！すいません、つい。

すなわち、**あなたが「私」＝「やり手」に化けていない場合、不幸にはなれないのです。**

では聞きますが、あなたは「私」ですか？

この本での挿絵の中にはたくさんの「アタチ」、リボン付きの少女が出てきますね。この子があなたか？　と聞かれれば、それはただの挿絵だ、漫画だ、と答えるでしょう？　それと同じくらい、プルシャであるあなたから見ると、今感じている「あなた」＝「私」は、ただの漫画なのです。存在もしていません。ただの思いこみです。思いこみでも可愛いですがね……

悩みが無い人は誰？

一杯います。他の惑星には。そして、この星にもいます。「私」感覚が薄い人。例えば、赤ちゃんから2歳、または4歳まで。まだプルシャのままの時があるのです。だから、ワーワー大泣きしていても、飴ちゃん一つでニッコニコ！変わり身が早いですよね。それは「私」がいないから。さっきまで怒っていた「私」が突然笑っては示しがつかない！などと思わないのです。ところが、良くないのは大人たち。このプルシャを掴(つか)まえて、「ケメ子！」「ケメちゃん！」などと呼び始めます。まずいですよね。間違ったことを教えようとしてるんです。最初は「ケメ子」なんて知りもしないし、「知らんけど！」とかよそを向いていたあなたでしたが、5万回くらい言われてくると、何か自分って「ケメ子」かなあ？という迷いが生じ、そのうち4歳くらいになると、「ケメちゃん！」と呼ばれて、「はーい！」などと答えてしまうのです。ダメだなあ！　洗脳されて「私」になったんです。だんだん、エゴが出て言うことを聞かなくなってきます。なんでも「ヤダ～！」が出てきます。そしてとうとう10歳を迎えます。子供の自殺は10歳から起き始めるようです。10歳で完全に忘れてしまうのでしょう。**自分が大いなるすべて＝プルシャであることを。**

さて、言いたいことは？

幼児期のあの天使のような表情は、プルシャがそのまま映し出された美しさ。そして、「私」と思っていないその存在は、すべてを面白く、楽しいと見る。至福なのです。明日の家賃を心配することもないのです。

次の幸せさん登場は、砂遊びとハナイチモンメ。それらをしている子供たちは、楽しすぎて家に帰りません。楽しんでいる最中、自分を意識することはありますか？「私」を意識すると楽しめないのです。

そして愛のシーン。

愛する人と本当にエクスタシー（一体感）にある時、あなたは「私」を意識できますか？不可能です。「私」が意識できない時は「相手」も意識できません。宇宙の創生から見ても、最初に二極に分かれ、主体と対象物に分離したことで宇宙体験ができるようになりましたね？　この場合、愛する相手は「対象物」。その相手が見えない時、いったい何が起きているのでしょうか？

分離が解消しているのです。自分も相手も見えません。声も音も聞こえません。思考も湧きません。すなわち、５感覚を解除したのです。その状態は、俗にいう至福。言い換えれば、

「ありのままで完璧」。

私が無いと良いことばかり

結論は何でしょうか？

幸せの状態は、至福の状態は、「私」無し。「私」が無い時の特徴は？

「ありのままで完璧」言い換えれば、外側の物を敢えて見ようともしない状態。内側で充足してしまったエクスタシーの中で、外界の意味が消滅する。そして、「ありのまま」に憩う。外を見ないとは、二極が一極に戻ったということ。プルシャの自覚に戻ったということです。

あなたは「ありのままで完璧」でしょうか？

チェックは、簡単です。道を歩きながら、**至福の人は、物を見ません。内側で充足しているためですが、何かを見る必要がないのです。警戒すべきものも心に浮かびません。**だから簡単です。何かが、目にクリアーに入っているようなら、「ありのままで完璧」ではありません。何も見えず、何も聞こえない状態に至福があります。こうして、自分の状態がいつでも分かります。完全充足。世界の消滅。もちろん、うすぼんやりと世界は見えますが、そこに入ってゆかないのです。楽しんでください！ただ、車には気を付けて。

実は、一定の時間あなたは、「ありのままで完璧」かもしれないのです。**不幸である時だけ、あなたは「私」を意識する。**「記憶」も不幸な時に限って残ります。エクスタシー、至福、すなわちプルシャの自然状態でいる時、あなたは「私」をも認識できず、その時は「記憶」に残らないのです。すなわち、「記憶」は「抵抗感」なのです。このメカニズムは何でしょうか？

第5章

受容と抵抗　光と闇

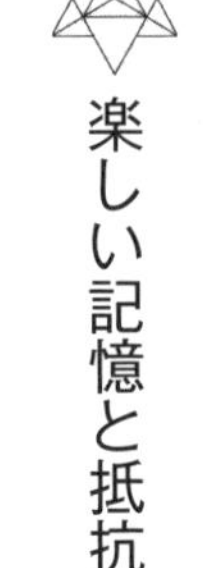

楽しい記憶と抵抗感

幸せでない時の情報を、幸せではない時にだけ思い出せる、アトラクションなのです。だったら、記憶を重要視するのはやめましょう！良くないことにフォーカスしたら、ろくなことはありません。

さて、抵抗の例を見てみましょう！

「渡る世間は鬼ばかり」を信じている人。そんな人は、よく人の表情を読み取ります。警戒心旺盛で、物をよく見る。何故でしょうか？「ありのままで完璧」ではなく、その反対で、世界や宇宙を信じていないから。だから、よく見ておかないと、何をされるか分からないぞ！と目を光らせています。宇宙がいつも何かあなたに悪いことをしているような気がするのでしょう。小さい子供の様にいつも「やだ～！」と言っています、心の中でノー！と。これが「抵抗」です。「抵抗」癖の人は、何にでも抵抗します。しかし、その原因は外にありません。

元は？と言えば、**地球という第三密度の濃いバイブレーションの中に入ったので、分離感が強くなり、「個」＝「私」が強烈に感じられ、自分以外が全て敵の様に勘違いしている**

のです。実は、外界は存在すらしておらず、自分内部の周波数を見ている、観念を体験しているだけなのですが。

さて、元に戻りましょう。

プルシャが地球を創ったのは、この「私」＝「個」が極めて強い、いうなれば「孤立感」を存分に味わえるマトリックスを楽しみたかったから。

「そんなきつい世界を、何で私らにあてがうんだよ！やだよ、あたしゃ！」

そういう婆さんにならないでください。**あなたの中に入って、それを苦しんでいるのはいったい誰ですか？　そう、プルシャ本人なのです。**あなたです。あなたが忘れているだけなのです。

プルシャ言語では、苦しんでいる＝楽しんでいる＝とっても楽しい！ですが。

あなたを自由にするデクラス

良い情報があります。あなたのドリームをカム・トゥルーにする切り札です！感情についてですが、何だと思いますか？

どんな感情も悪くない！です。例えば、自己嫌悪、ジェラシー、罪悪感、後悔など。なぜ悪くないと言えるのでしょう？　そう、プルシャが体験したくて創り出したから。良い感情でなくてもいいんでしょうか？　はい。価値が変わりません。良いのと悪いのとでは。え！そうなんですか？　じゃ、何で悪い感情が悪くなったんですか？

昔々、世界の支配者がいました。というか、まだいます。少なくとも数千年かそれ以上にわたって人類をコントロールしてきました。どうやって？

悪い感情を悪いと教えることによって。で、どうなったんですか？　地球人は、悪感情だけを抑え込むようになりました。良い感情はそのまま出して、はい終わり。しかしネガティブ感情だけは、悪いと聞いたので、目の前から葬り去ろうとし、目をそらしたり抑圧したのです。するとどうなるか？

時間を経て3倍返しになるのです。半沢直樹もびっくりです！「抑圧」は、エネルギーを増大させます。3倍ですよ！お得でしょ？　前よりも大きな感情として押し寄せますが、ここで困ったことが起きます。**強い感情ほど、実現化が高くなるという宇宙法則（俗にいう引き寄せの法則）に従い、悪いことばかりが地上に蔓延（まんえん）するようになったのです。**世界の支配者は、それを分からないようにやってきましたが、その目的は何だったのでしょうか？

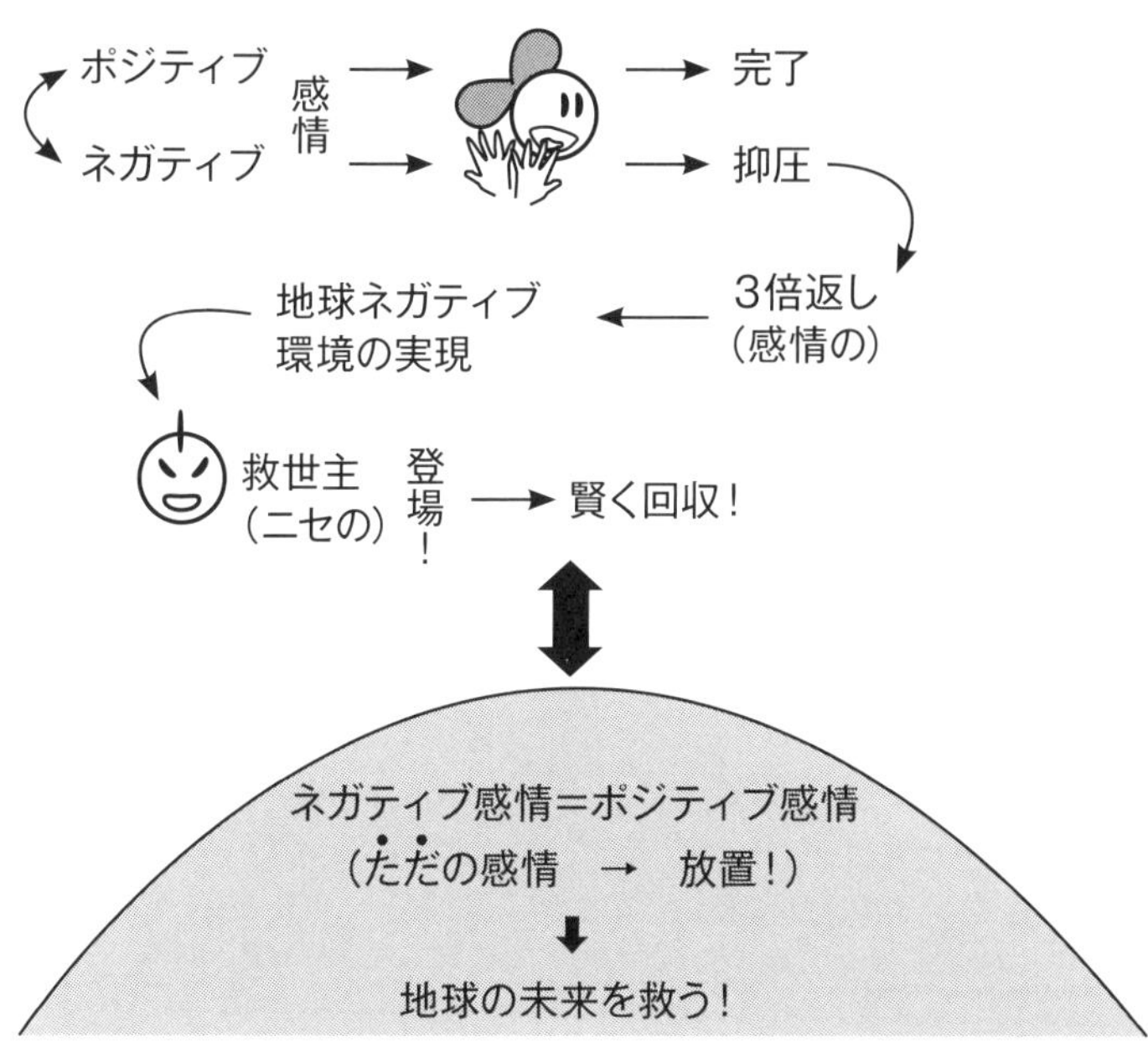

ネガティブな世界を作ると、人々はパニクって自信を失い、力あるものに頼ろうとします。恐怖が常套手段。そこで「正義の味方」が登場。我々が助けてあげるから、税金と医療の費用を出しなさい！あんたらにはできないからね、と優しく言うのです。すると、待ってました！とお金が集まってくるのです。喜んで、収入の半分とか差し出す人がいるのです。

　これをマッチポンプと言います。原因を創りだし、救済者のフリして、賢く回収。自作自演。大したもんですね。この革命的な集金システムの重要ポイントは何でしょうか？

そう、ネガティブな感情が悪いという刷り込み。しかし真実は、**ネガティブな感情は、ポジティブな感情と同じくらい価値があって、それを体験したいプルシャ＝大宇宙が提供しているのです。全く悪くありません。体験だけしたら、はい終わり！ポイって無くなっちゃうんです。**

何でネガティブ感情があるの？

それは、地球というこの磁場で体験しようとすれば、避けられない現象なのです。第三密度で「個」が強烈に生じる。すると、宇宙や他人との一体感が得られず愛を感じ難い。すると、すべてが不安と恐怖になりやすい。ということを知ったうえで、プルシャは地球生活に入ってきました。すべては想定内。では、影の支配者は何なのでしょうか？

イルミナティーやフリーメーソンが手を引いているんですか？　もしそうなら、イルミナティーたちを動かしているのは？　ドラコニアンかレプタリアンですか？　では、その彼らを動かしているのは？　ルシファー。そうなのですか？　だとすれば、ルシファーを動かし

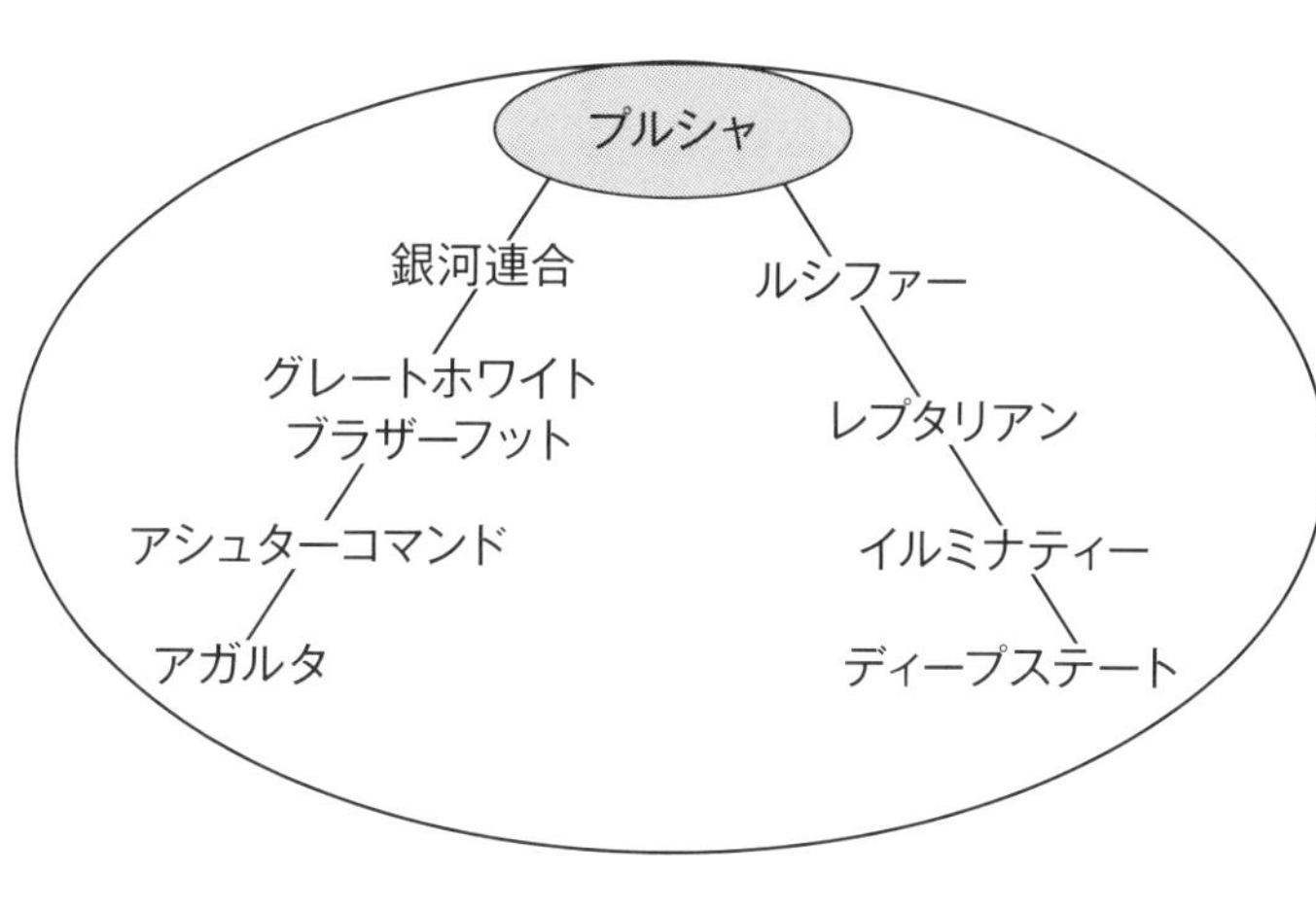

ているのは誰？

すべては、プルシャなのです。プルシャは、アシュターコマンドになり、グレートホワイトブラザーフットになり、銀河連合になりますが、同時に、ルシファー、ドラコニアン、イルミナティー、ディープステートにもなります。全ては、ただ体験のため。しかも、それはホログラムの中で起きるのです。ホログラムは、観念が創ります。

もし、地球人に不安恐れを感じたいという欲求が無かったら、悪者はいなかったでしょうか？

その通りです。では世界から悪者を一掃したなら？

人々に不安恐れがまだある場合は、新しい悪者が現れます。すなわち、**地上の人間が持った感情想念、そしてその元である観念に即したものしか体験する**

ことは無いのです。敵なんてどこにもいません。そして最終的に、各人の本当の姿はプルシャです。

すなわち、すべてはプルシャが選択した観念体験なのです。何も悪くはありません。このようにすべてを受容してしまうと、何一つあなたには触れなくなります。

受容こそが、最強の力なのです。

地球スペシャル人気商品

さて、図に戻りましょう！プルシャから見ると79ページの図の上方、すなわち次元下降した位置に地球を創りました。実際は、プルシャ内部のアカシック情報の中の話なのですが、地球に行く前に旅行代理店に行くという話があります。最も人気のオプション商品は、以下の4つ…。

1．ガン　2．破産　3．離婚　4．自殺

1．ガンは、死にやすいというガセネタから、魂が大きくなるのでメリットがあるが、永遠の命が分かっている他の星では、このトリックに誰も引っ掛からないため、地球で楽しむしかない。

2．破産は、フリーエネルギーで出来ている宇宙全体にはあり得ず、枯渇幻想のある地球独特。

3．男女の出会いと別れはすべてプルシャが起こしている「縁」なので、何も問題にならないから、愛憎問題で大騒ぎしたいなら地球でやらねば！

4．命が永遠なのは宇宙の誰でも知っているのに、地球でだけは死んじゃうし、しかも自力で死ねるという離れ業。「宇宙最高レベルの自由度」と言われている。

耳寄りな噂をお伝えしましょう！自殺した後、どうなるのでしょうか？

プルシャに戻ります。「ああ！痛ってー！あー‼」……「あー、怖かったねー。」とプルシャが我に返ります。夢を見ていたのだから。この世界は夢だったのです。死んで3時間ぐらいたつともう、「ああ！面白かったね～！またやろうか！」とか言うのです。いい加減なもんですね？　というか、**アトラクションなのです。地球体験のすべてが。何の問題もありません。**しかし、この情報をちゃんと聞いた人は自殺する意味がもう無いと分かるでしょう。

ところで、今の4つのどれかの経験がありますか？　もしイエスなら喜んでください！地球の大成功者のほとんどは、このどれかを経験しているのです。

時空はあなたの要素の一部

1998 年生まれ
身長 160cm
体重 98kg
ピンクの服
玉岡幼稚園中退
PM3：00 にいる（時）
六本木のカラオケ店にいる（空間）

いつパラレルが飛べるのか？

今です。え？　飛んでないって？　そんなことは無いでしょう？　実は、毎瞬間飛んでいるのです。

毎瞬あなたは違う人だ、と聞いたのを覚えていますか？　なぜでしょうか？

周波数が違うと、違う人になるのです。地球レベル以上の宇宙常識です。では、フリークエンシーチェンジ（周波数変化）はいつ起きるのでしょうか？

毎瞬です。時間と空間で説明しましょう。

時間が１秒変わると周波数が変わります。実は、あなたの周波数が変わったので、時間が動いたのです。異なる時間とは、異なる周波数のことです。誰の？

あなたのです。時間を感じる主体のです。今あなたは今の性格をもっていて、１９９８年生まれ、日本人、網走育ち、兄と妹がいる、身長１６０㎝、体重98㎏……と続きますが、そこに14時59分にいる、ということと、六本木のカラオケ店にいる、が加わっているのです。時間と空間は、身長や体重と変わらない対等のファクターなのです。

もしあなたが、15時きっかりの周波数を選択していたら、３時のあなたです（古い）。そして、ある周波数を選択していたら、六本木のカラオケ店に出現するのです。あなたの性格の一つに、時間と空間があるのです。ですから、あなた自身の周波数を変えたら、違う時間と空間に出現します。これが分かると、テレポーテーションするようになるでしょう！

どのくらい頻繁に変わるのでしょうか？

毎瞬、そして１㎜ごとです。さらには１ナノメートル動くたびに、周波数が変わります。しかし、実はその逆こそが正確なのです。

時空はあなたが決めている

あなたが周波数を変えたので、１秒たつのです。周波数を変えたので、移動できたのです。

むしろこう言ってみましょう。時間、空間を移動するという幻想を経験するために、周波数

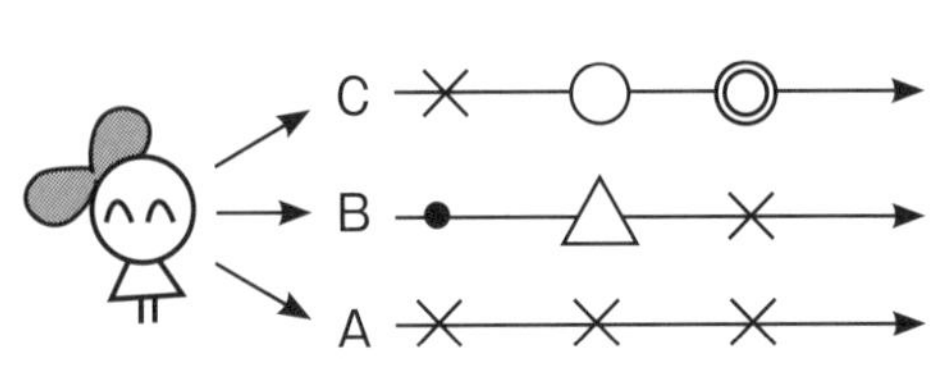

を変えるのだ、と。

言い換えると、時間と空間の中に生きているという幻想を遊ぶために、脳みそを使って、あなたの周波数の変更を、時間、空間の変化へと翻訳、変換している。時空は、周波数の翻訳だったのです。

さて、結論は何でしょうか？

そう、あなたはすでに毎瞬間、時間と空間を移動してきたのです。今朝、目を覚ましてご飯を食べ、家を出てから、財布を忘れてトボトボ帰り、やがて会社で居眠りしているたった今まで、何万回も周波数を変えてきたのです。

ということは、あなたは毎瞬間、別人なのです。別人28号です。

さて、パラレルワールドは、いつ変わるんでしたっけ？

周波数が変わった時に。ということは、あなたは毎瞬違うパラレルにいたってことですよね？　そうです。**あなたは、すでにパラレルを飛びまくっていたのです。何も難しいことはありません。それどころか、パラレルを飛ばない瞬間は決してないのです。**これを忘れないでください！パラレル移動は、もうやっているのです。どうやって飛ぶの？　じゃないんです。

パラレルは、周波数の翻訳？

右の図を見てみましょう！人生Aを選ぶのは誰でしょうか？　周波数Aを選ぶ人です。というより、選んだ場合です。生まれてから、良いことがありませんよね。

周波数Bはどうでしょうか？　最初は良いんですが、大人になってからはいけませんね。

では、周波数Cでは？　あ〜！これなら良いですかね？　後半生は幸せみたいですね。そうです。周波数こそが、パラレルワールドを選ぶのです。

ザックリいえば、**周波数の翻訳がパラレルワールド**と言ってもよいでしょう。

しかし、ここで凄いことが分かりませんか？　毎瞬間、あなたの周波数が変わるのなら、パラレルワールドも毎瞬変わる。ということは、いったんCパラレルを選んでしまったあなたは、もう取り返しがつかないのか？　と思ったら、救済措置があるんですよ。では、いつ救済されるのですか？

1秒後です。次の周波数が変われば、もはや周波数Aには留まらないから。どんなに醜いアヒルの子であった方でも、その一瞬に、過去は無かったことになります。

周波数にフォーカスすると、データが現世に解凍されてマカバとなる。マカバの内の一つの▼が時間の流れイリュージョン（幻想）を創り出す。▲が空間イリュージョン（幻想）を創り出す。両者合わせて、時間空間の中に生活するあなたというイリュージョンアイデンティティー（幻想自我）が誕生したのです。この時の主役、データのマカバ化、またはマカバこそが実はあなたなのです。時空人生を創り出す機能が、です。え？　じゃ時空を創り出す前は、あなた（私・アバター）はいなかったの？

はーい！いませんでした。すいませんが、勘弁してください。

じゃ、アカシックにフォーカスしたのは、誰なんねん？

いよいよ本題に入ってきましたね！そうです、アバターのすべてが宇宙中どこにも存在しないとすれば、いったい誰がフォーカスなどするんですか？

プルシャがするのです。**プルシャの懐の中に、全宇宙と全次元のデータであるアカシックレコードがあり、その中をプルシャがいわば覗き込むのです。言い換えれば、フォーカスします。**何に？

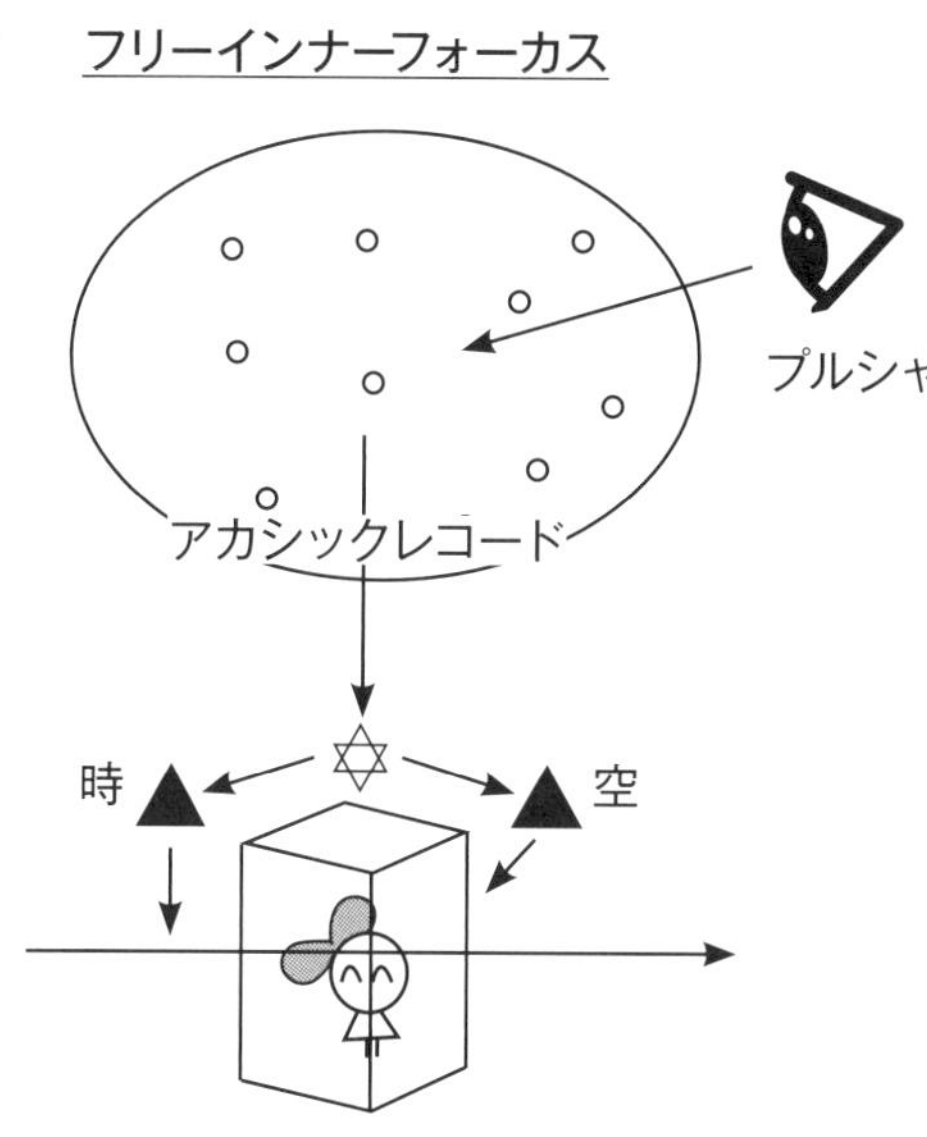

一つの特定なデータに。周波数で選択します。すると、そのデータが、現実界に降りてくる。と、マカバが生じ、それが独特の時空イリュージョンを創り出し、その中に小さな個別存在が生息するという幻想を生み出す。

あなたとは、時空を生み出すファクターであるマカバだともいえますが、その後は、その小さな自己、時空間の限定存在、マトリックス隔離型の自意識過剰エンティティが自分だと勘違いします。いったい、誰が悪いんでしょうか?

誰も悪くありません。これがやりたくってしょうがなかったんですから!　誰が?

もちろん、プルシャ。あなたがです。

宇宙とは、体験とは何か？

プルシャの「フリーインナーフォーカス」です。自由に、内側の情報アカシックに、フォーカスして選択し、それを現象化して体験する。フォーカスしておいて、それを体験しないことはありません。選んだものに、プルシャは必ずなってしまいますが、目的はそれになって体験することです。体験なのです。すべてのどれにでもフォーカスでき、その体験が楽しめます。「フリーインナーフォーカス」ってけっこうお得ですよね？

あなたがプルシャだと思い出せば、これをずーっとやってきたと分かり始め、今度は自覚的に飛んじゃえ、飛んじゃえ！となるんじゃないでしょうか？

「抵抗」は継続させてしまう！

「抵抗」が無いことです。「受容」することです。それらは、同じことなのです。

なぜ、抵抗はいけないのでしょうか？　抵抗すると、今までの良くないパラレルから動かないと宣言していることになるからです。一方、**現状を受容してしまうと、今までのパラレ**

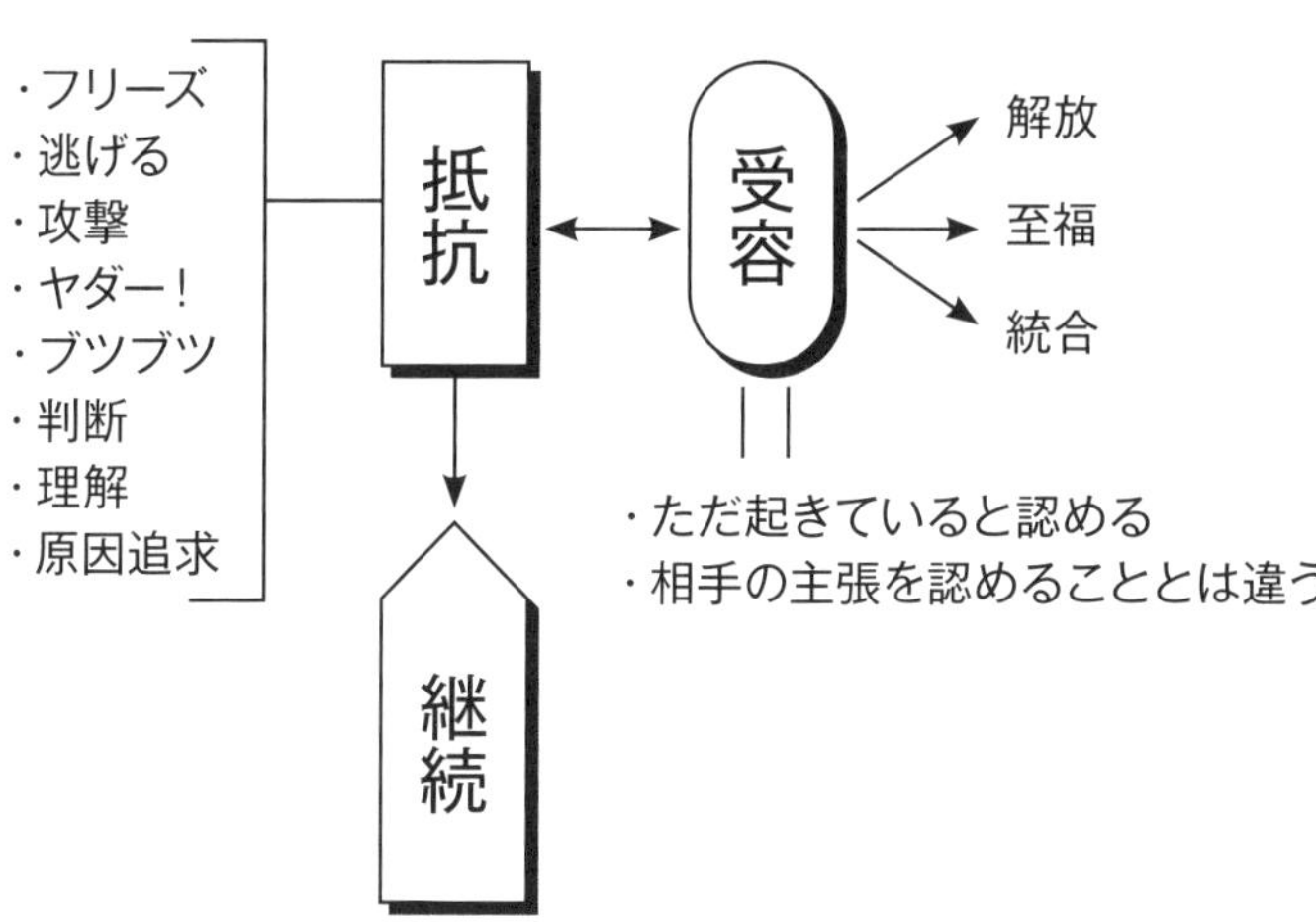

ルからフォーカスが外れて、簡単に飛べるのです。

抵抗するとパラレルは飛べない？

飛べますが、また同じようなパラレルになります。パラレルを飛んでいない瞬間などないのです。ただ、同じようなウダツの上がらない（失礼！）パラレルがやって来ます。何故、もっといいところに行かないのでしょうか？

「抵抗」＝「継続」だからです。抵抗しているということは、フォーカスが強いということ。そこばっかりに集中している。ここじゃなきゃヤダ！という一途さが、宇宙からは感じられ、そんなに好きなんじゃ、特別にそこに閉じ込めてあげるからね！と優しく、宇宙法則が言うのです。まずいっすよね！伝わっていません！あなたの願い。

すなわち、**そのことについて考える、考え続ける、ぶつぶつ言う、心配する、準備する、対処するから問題なのです。それはすべてフォーカスです。**そして、次のことも同様なのです。

ヤバイ！「理解」と「原因追求」

彼氏が別れようと言ってきました。焦りますか？　嬉しくないですよね？　そこであなたは、寝る前にもその原因を考えたりしますか？　出来事の事実が何を意味するか？　理解したいですか？

それが、問題なのです。原因を考えている間、強烈なフォーカスが続きます。理解しようと考えても一緒。だから、**原因追求と理解をすれば、必ずパラレルは飛べず、同じところに留まって、状況が変わらなくなることは請け合いです。**頑張ってください！

さらに、「原因追求」と「理解」がナンセンスな理由は、もう一つあります。

宇宙には、原因が無いから。全ては、ただ起こります。プルシャが体験したいだけで、何の意味もありません。だから、どんな原因や意味を編み出したとしても、すべてそれらはナンセンス。嘘に近いのです。だから、原因追求と理解は、悪いシチュエーションを延々と続けさせることができる確実な方法。パラレルは飛びますが、同じようなパラレルばかりに戻る、マグネットのような機能なのです。どうぞ、お楽しみください！

対処しない対処って対処？

何か問題が生じた時、それに対処していますか？

「やめてください。そんなこと！」と言ったら、驚きますか？　もちろん、仕事場や、自然災害で困ったことが起きたらば対処せざるを得ませんよね？　今目の前で自宅が半焼けになっている時、対処しない、はお勧めしません。それは、人間よりはるかに進化した（自然体という点では）虫やケロヨンですら、逃げたりして対処します。

今言っているのはそういう対処ではありません。例えば、一度離婚裁判でつらい目にあった人は、また裁判が生じた時のため、日頃から新しいパートナーの言動や二人のやり取りを記録したりします。すると、また離婚する確率が上がるのです。その種のネガティブ周波数に留まるからです。

なぜ対処が悪いんでしたっけ？　対処自体というより「対処心」ですが、それを持つと、パラレル移動が困難になるからです。その問題の周波数に留まるからです。**一生懸命に対処すればするほど、フォーカスは強固に継続。そして、似たようなパラレルだけに何度も何度も舞い戻ってくるでしょう。**

では、対処しない生活、対処無しの人生は、いったいどうなるのでしょうか？

対処無しの人生

吉田統合研究所の【覚醒チャレンジ】受講生の中に初貝留美さんという人がいます。私が提案した「対処無しの人生」データを今取っています。彼女は、ある電子機器メイカーの科学者でした。データ取りは得意ですが、全てにおいて対処しないを実践しました。実験ですから、いい加減にはできません。厳密にその規定を守った結果、驚くべきことに、すべてがスムーズに流れているそうです。

「受容」できないは、悪くない！

ええ？　悪くないんですか？　はい。もしあなたが今どうしても「受容」できないことがあるとしたら、誰が？ですか。プルシャがです。「どうしてもこんなこと受容できない！」って叫びたくなる０・２秒前に、プルシャが「先回り」して、あなたの脳波を操作し、「できない！」って叫ぶのです。誰が？　あなたですが、実はプルシャが。あなたの中身はプルシャですから。真実は、全身くまなくプルシャです。ということは、受容できないっていう状況は誰が作ったの？

プルシャですよね？　だから、プルシャが決めた通り、宇宙が欲した通りです。だから、受容できない時はそれでいいのです。それでいい！と思ってください。**受容できていないと葛藤すると、二次災害を生みます。**

楽しい二次災害！

さて、私の知り合いで結構な美人（Ａ）がいるんですが、バイト先のある男性に惚れられました。それを、男性の奥さんが知りました。彼女はサイキッカーらしく念を送りました。その結果本人（A）はサイキックアタックを受けたので、心身に障害が生じ、もう5年以上になりますが、自宅でマスクしたままこもりきりなのです。研究所の透視応力者2名から、アタックを受けたという彼女の透視をしてもらいました。結果はどうだったと思いますか？サイキックアタックは起きていない、でした。どういう事でしょうか？

彼女が自主的にそれを受けていたのです。誰も送っていないアタックを。では、彼女はなぜ5年以上も同じ様なパラレルワールドにいるのでしょうか？

一つ考えられるのは、そのアタックを受けて鬱から立ち直れない自分はダメだと思っているのかも。パラレルワールドは、一つの体験に過ぎませんから、それが良いとか悪いとか？は関係ありません。しかし、**その体験がダメだ、いやだ、そこから抜け出せない自分はダメなんだ！という「抵抗」をもっていると、パラレル移動が困難になるのです。**

鬱から抜けられないというのは、「一次災害」といいます。一方、そんな今の状態に対して、それはダメなんだ、いけない、そんな自分はダメだ、悪いことだという観念が「二次災害」。「一次災害」は問題なく、「二次災害」は大きな問題です。何故でしょう？

「一次災害」は、プルシャがただ経験したいだけの現象。何の問題もありません。が、「二次災害」は、それが悪いという「抵抗」です。だから「マグネット」なのです。さて結論は何でしょうか？

どんな状況も、プルシャの選択、大いなるすべてが宇宙的な選択として絶対正しい経験が起きている。だから受容する。または受容するしかない。もうすでに起きてしまっているわけだし……しかし、もう一つあるのです。

それは、そんな二次災害を引き起こしてしまっているあなたはダメなんでしょうか？

いいえ！**二次災害が起きたのも、プルシャが体験したかったからです。何一つ悪いことはありません。といって、受容してください。**そして、それもできないというんだったら、もう知りません！じゃなくて、それもプルシャの選択ですから、受容しましょう！と言ってもできないんだったら？　それもまた受容しましょう！といってもできないんだったら？　それもまた……（あと１００万回繰り返す）。

「受容」するとどうなるの？

「抵抗」の反対は「受容」でしたね？　抵抗していなければ、おのずと受容しています。

特別なことではなく、単に「抵抗」していない状態。

さて、受容すると何が起きるのでしょうか？

アクセルとブレーキを同時に踏まなくなるのです。ほとんどの地球人は、現に起きていることと起きるべきだと思っていることにギャップがあります。そのために「抵抗」や葛藤が生じ、アクセル、ブレーキが同時に掛かっています。それで疲れ果てるわけですね。ところが、現状を「受容」したらどうでしょう？

エネルギーがまるっきり余る、超ヒマになるのです。これを「超ヒマ理論」といいます。

「受容」はどうやってやるの？

知りません！

だって、すべてを受容したら、それは「やり手」（SVのS）がいないことと同じなので、どうやるか？　があり得ないからです。先に述べたように、この宇宙に「あなた」はいません。プルシャという本当のあなただけがします。**あなた＝「私」、すなわち「やり手」がいないのですから、あなたには、やるべきことが無いのです。起きるべきことは、ただ起きて**

一人芝居のパラレル

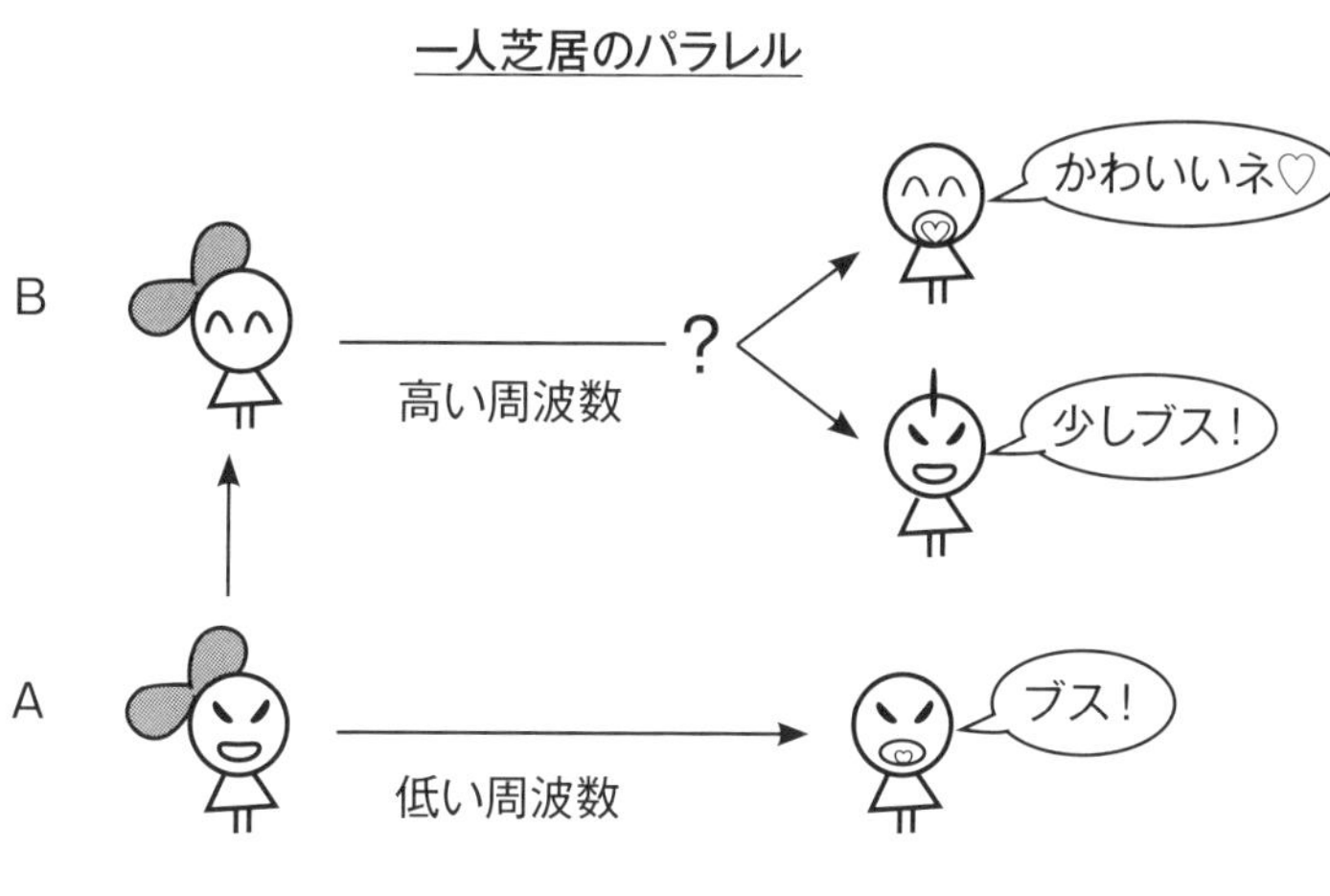

います。それに任せればいいんですが、敢えて言うと、提案はこうです。

1．「出来事」のすべてを受容する。

2．自分に生じて来た「感情」のすべてを受容する。

3．自分に生じて来た「思考」のすべてを受容する。

ところで、なぜ受容するんでしたっけ？　そうでないとパラレルが飛べなくて損するからですか？　そういうチンケな（失礼！：小手先の）動機では、いい結果にはなりません。

受容するわけは、すべてプルシャがやっているからら。本当のあなたがです。あなたが決めたことが起きているのに、受け入れないから疲れるのです。そして、すでに物事は起きてしまっているのです。

0・2秒前に決定された事項がすでに起きた後しか、あなた＝「私」は認識できません。したがって、今目の前で起きていることこそが、あなたの選択です。起きてしまっているということは、受容はすでに済んでいるのだから、抵抗しても全く無駄なのです。

他者には一切パワーがない？

人生で一番苦労するのは人間関係だと言われています。カエルやトンボとの問題で追い込まれることは稀ですよね？　今までの人生で、誰かのために苦しんだり、悩んだことがありますよね？　だから、他人には力がある、影響力があると思ってしまいます。さて、パラレル移動をめでたく果たしても、その問題は残るのでしょうか？　こういうことです。

自分は高い周波数（人生観など）を選び、良いパラレルに移動できた。しかし、そこに登場した鬼婆の方が、あなたをいじめるので抗議したい。

これって、正当な行為ですか？　ま、それより先に、移動した高次元のパラレルの先に、鬼婆が出てきて、そういうことをするんでしょうか？

相手にも選べるパラレルがあるはずですよね？　だったら、あなたがめでたく移動した高次パラレルにも、高次のその人が現れます。でも、最初は良かったんですが、何かの拍子に仲がこじれて、今や敵同士！これってあるんじゃないですか？　だって、相手も生きていて何をしてくるか分からないからね。そうでしょう？

いいえ！その人は、勝手に悪いことができません。まずあなたが今回は高い周波数を選びました。すると良いことばかりが起きるパラレルを選択します。その中に登場する相手は、悪いことができるのでしょうか？

ザックリ言えばできません。あなたの選択したパラレル内の登場人物だから。実は、パラレル自体が幻想なのです。あなたの周波数を解凍して翻訳したものですから、元の周波数に合致したことしか起きないのです。、したがって、相手は悪いことが起こせません。え？でも実際うちのパートナーは、私をブスって言いましたけど？

それは、**その時、あなたの周波数が変わって、相手がそう発言するパラレルに移動した、すなわち波動が落ちたのです。全ては、あなたの内側の現象です。相手が、勝手にあなたに影響したり、攻撃したりはできません。**

これは、パラレルを移動した後だけではなく、たった今でもそうなのです。相手には、影響力がありません。したがって、相手を変えようとしないでください。そうすると、今いる

嫌なパラレルに居留まるか、もっと嬉しくないパラレルに飛ぶからです。相手を変えよう、コントロールしようとすると、その周波数に留まるからです。

観念宇宙って本当に軽いですよね！

ここで、おさらいしましょう！　相手とはいったい何なのでしょうか？

そうです。あなたが持った観念＝人生観＝世界観＝宇宙観がアカシックから選び出すパラレルワールドの中に用意されていた人物。すなわち、あなたの１００％の創造物です。あなたは、一生あなたの娘さんなら娘さんに会うことはありません。あくまでも、あなたの創り出した観念が娘さんとなって現れるのです。ええ！　娘がいなかったんですか？　寂しすぎる！って思いますか？

しかし、そもそも宇宙自体が観念なのです。誰の？

あなたのですが、あなたはしかし元々いません。では誰の？

後は一人しかいませんから、プルシャですよね？　プルシャが、あなたという観念を浮かべてあなたになり、そのあなたが、娘という観念を浮かべて娘が現れます。だから、まず娘さんはあなたの観念です。もし、その観念を止めたらどうなるでしょうか？　一瞬で娘さんは、あなたの人生から消え去るでしょう。**今の今、あなたの目の前に娘さんがいない時、実は、あなたの宇宙から娘さんの存在は消え去っています。それが、アインシュタインとボーアのやり取りの趣旨でした。**

さて、あなた自身もプルシャの観念ですから、あなたが雪之丞だとすると、雪之丞という観念を止めたとたん、例えば、今晩寝るときに、あ〜あ！雪之丞ドぇ〜す。鼻ポコがパッチン！とはじけた瞬間にこの世から消滅します。プルシャが、あなたという観念を止めたからです。

そして、翌朝、アラーム音とともに、雪之丞ドぇ〜す！と再び、プルシャの観念であるあなたが現実世界で再登場するのです。全てはプルシャの一人芝居。

本来虚空だった海から、観念を使ってホログラム現実を夢見、そしてその観念に飽きた時、その現象を解除する。もし宇宙自体の観念に飽きたらば、宇宙は一瞬で消え去りますが、それは毎夜寝る前にあなたを通して起きていることです。そして、より厳密にいえば、宇宙を止めているのは、毎瞬間なのです。１秒間に１００万回ほども止めており、on-off-on-off を繰り返しています。

あなたはプルシャなのです。宇宙全体が観念なのですから、あなたのパートナーや娘さんだけにこだわらないでください？

さて、ここでの趣旨は？

あなたの人生に現れるキャラクターはすべてあなたの観念です。彼らには、あなたに対する自主的な影響力や攻撃力がありません。あるように見えるだけなのです。例えば、ある人がどこかであなたの陰口を叩いているかもしれない？　と想像して苦しむとすれば、あなたはいったい何をやっているのでしょうか？

自分が創り出した観念世界の中の、これも観念にすぎない登場人物が、自分のことをどう思ったり、評価しているか？　を思い煩い悩んでいるのです。かなりトンチンカンで変わり者だと思いませんか？　マゾというか、自意識過剰で変態ですよね？

さて、ここからは別の側面から見た宇宙の成り立ちです。

これが分かるとより宇宙が身近になり、パラレルに自由に飛びやすくなるので、もう少しだけ頑張ってください？

その代わり、ここを読み終えたら、好きなイチゴパフェとかミルフィーユとか自由に食べて良いですよ！その財源は、あなたの財布にプルシャがきっと用意してくれますから、安心です（私は！）。

宇宙は神聖幾何学で出来ている

宇宙自体は、プルシャの基本形テトラヒドロン（正四面体）から出来ました。それが内部分裂ないし外部増殖した結果、プラトン立体のようなたくさんの神聖幾何学を生み出しました。

神社に狐の像がよく置いてあるのも、テトラヒドロンが三角形に見えた霊能力者が狐になぞらえたのかもしれません。

それぞれの神聖幾何学を独自の周波数に変換できます。色や香りにも可能です。波動＝周波数＝形＝香り＝色と変換が可能なのです。おそらく味や肌触りにも。例えば、香りは記憶のインデックスになります。特定の過去を思い出させますが、それは特定の周波数を持つから。さて、話を戻して、神聖幾何学の働きは何でしょうか？

宇宙のマトリックスであり、次元にフォーカスするズームレンズにもなります。

宇宙全ての存在が、これらの形を基本に形作られているのです。

例えば、コスモスは8枚の花弁で135度。日本が位置するのが東経135度ですよね？統合完成の性質をもった周波数の位置。

一方、バラは137度。基本が135度で、女性性を最も強く持った日本の経度135度で類推できるように、宇宙の中心に対して献身的な女性性を強く持つ数値のため、中心帰一、最も尊い宇宙の中心にぴったり向き合っています。そのため、気高く美しい。135度に対して2度のズレは、動きを生むためです。永遠性と連続性を生み出しつつ生き生きと香っています。

花びらの角度の違いは、香りの違いを生み、花びらの枚数は、成分の違いを作るようです。もともとこの世界には、目には見えない八角形や四角形等が存在しており、強い影響を人間にも与えています。**日本人は、古来、自然や人工のピラミッド、磐座、瀬戸物、そして風水コントロールなどを駆使した、たたら衆や修験道を歴史上に生んだエキスパートです。世界、宇宙と人間の相互から共振共鳴（リゾネート）現象を起こし、地上を浄化、大調和してきたのです。宇宙エネルギーとの共振はフリーエネルギー。**日本人がこれからの大変革期に世界に向けてできることは膨大にあるのです！

第6章

観念と感情と放置人生

観念がパラレルを創る

あなたの宇宙を創るのは、観念です。復習しましょう。

観念を創るのは誰でしたか？　あなたですが、あなたという「個」など本当は存在せず、すべてのすべてであるプルシャが浮かべた、選択した観念こそが「あなた」です。どこから選択するのでしたか？　アカシックレコードでした。さて観念には、無限のバリエーションがあります。

例えば、存在、光、愛、銀河、太陽、地球、日本、生き物、動物、哺乳類、雌、ホモサピエンス、女、長女、ケメコ、美容男子、腸内細菌、原子、クオーク……

これらの観念を浮かべた瞬間、プルシャはそれを創り出し、それになり、その体験をします。どんなに大きくても、どんなに小さくても同じ。大きさに優劣はありません。ただの異なる体験なのです。ところで、プルシャってあなたですよ！あなたが、すでにやったことのお話です。

主役はだ～れ？

今はたまたまあなたをやっていますが、それはプルシャがあなたに関心があるからです。あなたという観念に。**間違えてはいけないのは、観念＝アバターであるあなたが体験しているのではないということ。プルシャの観念体験があなただということです。体験はプルシャにしかできません。**

観念側からものを見たら、すべて歪んで見えるのです。

もし、あなたが不肖の娘で、母親から認められていないシングルマザーである、との観念をプルシャが選んだとしましょう？　理由は？

楽しいからです。「ざけんなよー！ちっとも楽しきゃねーじゃねーかよー！」とか言ってもいいのですが、そこまで含めて、楽しんでいるのです。なぜ？

他の宇宙では、認められないシングルマザーの体験はできないから。レアな体験、レア商品、魔法の体験、マジカルなミステリーのツアーなのです。地球の磁場だからこそ、楽しめます。そもそも感情自体ない星が多いのだから。

さて、認められないシングルマザーが、楽しめる（苦しめる）ベースは何でしょうか？

観念です。例えば、子供たちのために母親は好きな甘い物も控えて、学費を稼がねばならない、という観念をもっていたとします。そして、今の自分はそうできていないと思いました。すると、もれなく自己処罰、自己嫌悪が味わえる大変優秀なシステムなのです。**観念が無ければ、感情が湧くことも、想念が湧くこともありません。そしてその観念が強ければ強いほど、より強い感情を体験できます。**ですから、もし現在激しい感情にさいなまれているならば、強い観念が働いているのです。ではもし、観念が無くなったらどうなるのでしょうか?

全く何も感じません。

私の友人は、全くの正義漢ですが、職場で大変ないじめにあい、その結果退職する時に、その会社からある電子機器をちょろまかしました。普通なら絶対にそんなことはしない彼が、何故それで罪の意識を感じなかったのでしょうか?

盗みは悪い等の観念を今でも彼は持っています。しかし、「理不尽ないじめをした会社の物は盗っても構わない」が彼の隠れた観念でした。だから、一向に悔いなかったのです。

カンネンニャンコの図

浮気
低賃金
ブタ（デブ）猫
＝
観念
ぜんぜんない！

猫が偉大な理由

ある人の奥さんを好きになった男性は、罪悪感を感じるかもしれません。しかし、猫は他の猫の子供を産んだ雌猫と付き合ってラブラブして、罪の意識を感じるでしょうか？　ノー！ですよね。何故ですか？

猫には、奥さんという観念が無いし、男性（雄）が女性（雌）を所有するという観念もないからです。**観念が無ければ、罪悪感はあり得ません。**

あなたが、稼ぎが悪い、昇進できない、スリムになれないと言って、悩むことはありますか？　一方、猫は、獲物が取れない日、群れの中でボスになれない場合、または食べ過ぎて、人間たちからブタ猫と呼ばれた時、不幸になるのでしょうか？　ならないでしょう。彼らには、人間のような観念がないからです。

すなわち、猫は、サンマをかっぱらっても、自由に性生活を謳歌しても、ブタ猫になっても不幸にならないのです。全くです。良いですよね？　これらが意味することはいったい何でしょうか？　苦しみの原因のすべてが観念だということです。

では、プルシャが持つ観念は何でしょうか？

プルシャは観念ゼロ

無いのです。一っつも！観念は、ただ遊びのためだけに。楽しみのためだけに。体験が全てです。良し悪しはありません。さて今、プルシャが抱いている観念は何でしょうか？

そう、あなたです。あなたが観念であり、その人生と体験が、彼の目的なのです。プルシャが体験したいことは、すべて起きます。逆にそれを止めることはできません。なぜなら、それを止める「私」や「あなた」は存在していないから。プルシャ以外に誰も存在していないからです。

逆を言えば、起きてくることはすべてプルシャの希望であり、体験したいこと、想定内で、期待に満ち、面白くて楽しくってしょうがない内容ばかり。アバターがそう思えない時もありますが、そう思えないこと自体もプルシャが体験したい、地球独特のスペシャル複雑怪奇体験なのです。いったい何が言いたいのでしょうか？

すべての体験は、特定の観念のせいで起きるだけのもので、まっとうな意味は無い。松任谷由実はいますが、まっとうな意味は、ありません。したがって、問題はありません。もしあなたが疲れているとすれば、特定の観念が強くまたは長く働いており、その反応です。したがって、もし変化したければ、ただの観念のせいなので、自分の闇に直面するとか根性を叩き直すなどシリアスな方針を選ばなくても、その観念を止めればよいのです。

いっさい放棄でかんねんせよ！

基本的に、今出て来た感情を見れば、どんな観念が潜んでいるか？　分かる人もいます。それが認識されてしまうと、観念は外れてゆきます。観念は無自覚の時しか働きません。直視されると、消化して無くなってしまうのです。だから、出来事や感情から、観念が特定できる方は、そうしてください。しかし、できない場合でも問題ありません。

今生じている「感情」や「思考」をそのまま受け入れましょう。すると、「観念」は同時に消えていきます。何故でしょうか？

「観念」の子供が、「思考」と「感情」だから。思考と感情を受容されてしまったら、親である観念が無傷ではいられないのです。本体も、解体されます。

しかし、一個一個面倒くさいですよね？　観念を変えるのは。では、こういうのはどうでしょうか？

プルシャの「素」のままに戻って、観念を一切採用しない。すべての観念を止める。虚空の海（ゼロ）に戻ってしまうのです。五感のすべてを解除して。外界への関心を失うのです。

難しいですか？

しかし、**プルシャは元々そこにいて、観念を浮かべている方が、一時的現象、気の迷い、「宇宙的な浮気」なのですから。**

虚空の海に戻ると、自由で楽。人間であることも、女（男）であることも、母親（父親）であることも、「私」であることも、生物であることも、存在であることも、宇宙も全部やめてしまうのです。どうやって？

ただ、観念を止めるだけです。元々プルシャは、無観念なのですから。

空って何ですか？

何も無くなるんでしょうか？　いいえ。全てが入ったすべてを所有することになります。が、脳みそはそれを把握できません。それで、昔から空という名が付きました。空になるには、ありのままで完璧と分かることです。また、そうなるのに、チェックポイントはあるでしょうか？

思い出しましょう！

1．すべての出来事を受容

2．すべての感情を受容

3．すべての思考を受容

でしたね？　これらが本当に受容されたらどうなると思いますか？

今すぐやってください？　今できない人は一生できませんよ（おどし）。

今、目の前にある出来事と、感情と思考。それを丸ごと受容するか？　しないか？　だけなのです。

本当にやってみると、想念が浮かばないでしょう？

想念は、問題処理で現れる傾向があります。したがって、すべて受容してしまったら、問題は存続できないから、想念が出る幕は無いのです。特に、２の感情まで受容してください。この内容を読んでも、そんなことできっこないだろギャ！と思ったら、そのギャ！を受け入れてください。

これはやがて、**「ありのままで完璧」という状態をもたらすでしょう。この時、あなたは、超ヒマになります。今まで膨大に浪費してきた、感情と思考のエネルギー、アクセルとブレーキを同時に踏み、まい進していたエネルギーが、丸ごと余ってしまう。解決すべき問題もなく、超ヒマになるのです。超ひも理論を超えた「超ヒマ理論」。**どうぞお楽しみください。お支払いは、バカンス明けで結構です。

意識の３段階とは？

１．プルシャ等全く考えず、個別化された幻想の「私」＝アバターを疑いもなく真実と思いこみ、自分が「やり手」という幻想の中で、あらゆることを歪んでとらえ、問題がないものに問題のレッテルを張り、真実の愛から遠いため、その結果生じた欠乏感を埋めるために、その代替物にすぎない欲望、渇望にまい進する状態。スピリチュアルな探求者でも、瞑想が深くなったり、チャネリングがうまくなったり、超能力が冴えてくると、「私」がより強くなる危険があります。すると、不幸感が増してしまいます。

２．本当の自分は、プルシャであるとは知っている。が、個別化されたアバターである「私」にすぐ戻ってしまい、「私」とプルシャが二人共存するような気がする。だから、私はこうしたいのに、プルシャは違うことを引き起こす、などと文句を言う。実際は、自分というアバターの中にプルシャ自体が入って体験している。**仮にプルシャがあなたから抜けてしまうとすると、アバターのあなたが器として残るのではなく、あなた自体が消滅するのが実態。あなたは、プルシャ以外の何物でもない。**ところが、「私」がいまだに居残って、そうは言っても！などとブツクサ言っている状態。

３．自分は、アバターではなく、「私」は間違った幻想であり、すべてはプルシャしか無い、宇宙全体が意識であり、プルシャであると分かっている状態。自分が「やり手」ではないので、疲れることも、頑張ることも、後悔することも、不安がることもない。平和か静寂かエクスタシーである状態。

面白いのは２の人ですよね？

再び、「なんしようと？（何やってんの？）」。受容が肝心と聞くと、「受容のコツを教えてください？」といいます。「プルシャになるには、どうしたら良いんでしょうか？」とか。「自意識で何もしなくなるには、どういう方法がありますか？」とか。

凄いですよね！

方法は、ないのです。だって、努力する人、方法を駆使する人は、元々いないからです。誰が努力するのでしょうか？　あなたは「私」ではない。プルシャである。

そうして、リラックスしましょう！そうして、それもできない時は、できないことがプルシャが今やりたいことですから、受容しましょう。それは努力なんでしょうか？　いいえ！それ以外ができないからです。**あなたが何をやろうと、0・2秒前にプルシャに先回りされて、そうなっているだけ。すなわち、あなたはすでに100％ナスがママなのです。**キュウリがパパではないのです。なすがまま。あるがままなのです。全てそのままでよい！でも、猫にサンマを盗られたら取り返してもいいんですよ。その場合は、プルシャがそうしたいのです。いずれにしても、努力の介在する余地はありません。

問題は、「あなた」が努力しているという観念だけ。それこそが、肩こりと目の痛み、そして老化の原因。あなたが努力していないのに、努力してるって思っちゃうんですから、疲

れるしかないでしょう?

そのために「ポッと出のねーちゃん!」

私が主催する【覚醒チャレンジ】で大人気トピックの一つが「ポッと出のねーちゃん」。福岡でこれを受けた30代の女性が、その後2年間ずっとこれで助けられ自分が変わった、と昨日言っていました。「ポッと出のねーちゃん」とは?

人間世界で、苦労するのは、感情と思考ですよね? もし何が起きても、感情、思考が動かなければ、不幸になれますか? 石っころとかは、そんなに不幸そうじゃないですよね? この感情、思考ってなぜ起きるのでしょう?

あなたは、朝起きてすぐ不幸になりませんか? 多くの人がイエスと答えています。毎日を楽しく過ごしていたある日、突然将来が不安に思えたことは無いですか? これって、あなたが選択して出した感情ですか?

あなたは良い女ですよね?（知らんけど：大阪弁）でも、次のような思考がよぎったことはありませんか?

短命な「ポッと出のねーちゃん」

＝感情・思考

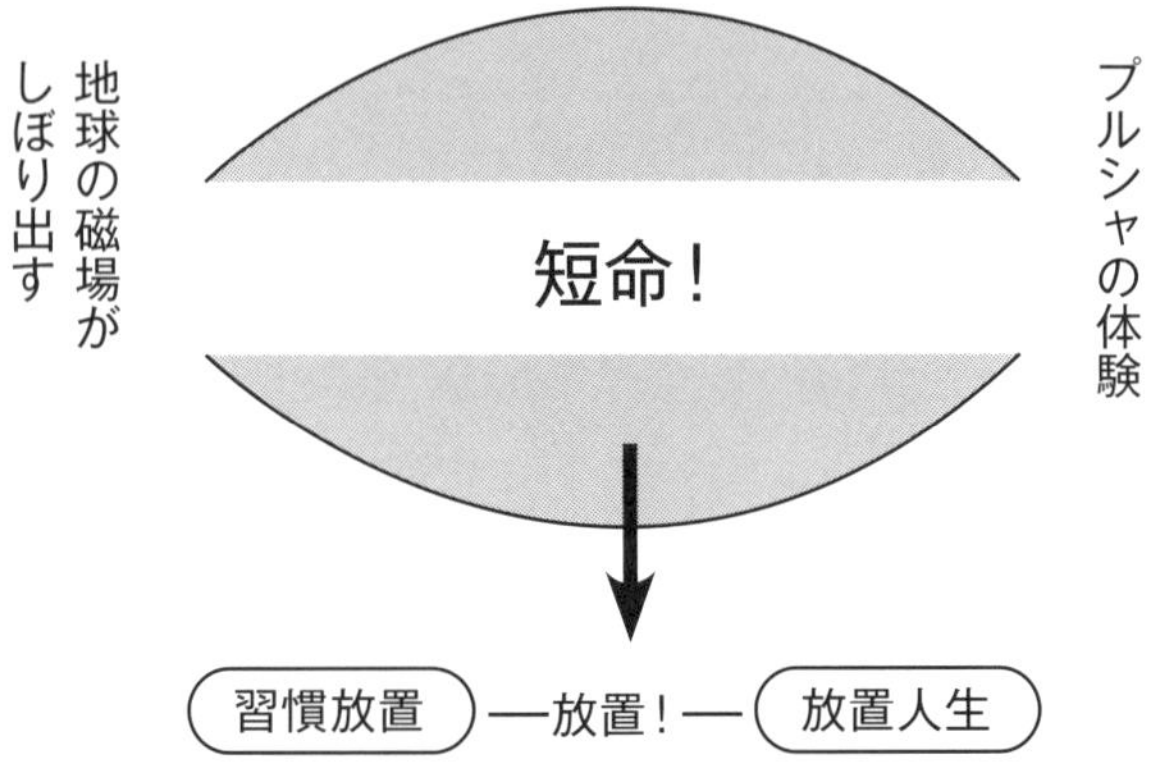

「でも、太ももがなあ！」「でも、ウエストがなあ！あと20㎝減らせれば！」とか。ああ！すいません。なきゃいいんですが。もしあった場合、それはあなたが出した思考なんでしょうか？　あなたは、そんなにも真剣に、「今日こそ太ももについて考察したい！」と決意していたんでしょうか？

突発的に湧くんですよね？　先のベンジャミン・リベットの実験の通り、思考と感情はあなたが出していません。宇宙が、プルシャが出しています。

感情と思考が体験できる稀な環境である地球にいる間に、できるだけ可能な感情を体験したいがため、自己嫌悪やジェラシーのような地球磁場独特のユニークな感情、思考が出現します。

ということは、あなたの感情思考ではないですよね？

では、放置してください！「ええ！放置ですか⁉　嫌ですよ！　社長に怒鳴りまくられたんですから、今朝。」とか言いながら、なぜ放置できるのでしょうか？

思考と感情は短命！

短命だから。

あなたが？　いや。どうせ死ぬから、とかいう意味ではなく、感情と思考が短命だからなのです。

朝方に不安が出ました。消え去るのは、夕方ころです。だいたい、**感情と思考は、その日のうちに消えます。ただ例外があり、その感情思考について、リアクションを起こす、処理する、対処し始めると長く引きずることができるのです。**どうぞ、ご利用ください？　そうでない限り、思考と感情は短命なのです。放っておいても、数時間で消えるでしょう。

問題は何でしょうか？

あなたに不安、心配が生じ、大問題が起きた！と思うのが問題なのです。感情と思考は、プルシャが起こしていますが、実際に何かの問題が起きているわけではありません。人間は、自分の感情と思考を無条件に信じる傾向があります。「これほど不安になるんだから、そりゃおめえ、問題に決まってっぺな〜！」（茨城ではこう言う）。しかし、**問題が生じていることはほとんどなく、ただ感情と思考がそう叫んでいるだけなのです。**

まとめましょう。感情と思考は、プルシャが出しており、それはただの体験であり、良いも悪いもない。そして、そのどちらも短命である。したがって、放っておいても消滅する運命。うっかり手を出して、こじらすメリットもない。だから、放置しよう！そして次のステップです。

感情、思考を抑圧したり、処理したりせずに毎日放置して遊びましょう！そして、それを最低1週間続けましょう！その結果何が分かるでしょうか？【覚醒チャレンジ】の受講生からのレポートでは、毎回、思考感情は数時間で消えた。自動的に消えると分かったので、敢えて消すのはバカだな！と思えて来た。したがって、もういちいち処理しない。

不動心と放置する人生

これが不動心です。

毎回、不安になるたびに、ワークや瞑想を駆使して処理していたら面倒ですが、それで感情思考が出なくなりますか？　いいえ！瞑想のベテランでさえ、出ると言っています。地球という特殊な磁場にいる限り、感情と思考は避けられないのです。だから、放っておいて、毎回何も起きないことを知りましょう。すると、もう消す意味が無くなって何もしない。でも、何も起こらない、困ったことが、と分かることの方が、不動心だと思いませんか？

もし、放っておいたら、悪い状況が変わっていかないいんじゃないか？　という危惧はありますか？　あなたのコントロールが本当にいるのでしょうか？

いいえ。この宇宙の唯一の法則が「変化」なのです。

放置する習慣をつけてください？「週刊報知」ではなく「習慣放置」です。どうせ放置するなら、人生を丸ごと全部放置してください？「放置人生」です。すべてプルシャが

やってくれているのです。最初から、最後まで。

17歳のナターシャになるには？

先の例、90歳のあなたが、明日目を覚ますと17歳のナターシャになっていた！これは可能なことでしょうか？　吉田統合研究所のメンバーに私は、これができた人が出たら、次の本に載せますよ！と言っていました。皆さんは、可能だと思いますか？　そこまで言うと、眉唾だと思う人もいるでしょうか？

ナターシャになるのは、あなただと思うから、できないと思うんじゃないですか？　今までのあなたが、まさか17歳にはならないだろう。それが素人なのです。

プルシャはやるんです。あなた＝「私」＝アバターではなかったんですよね？　プルシャは何人いますか？　一人です。たった一人のプルシャが、大宇宙全てを支配しコントロールし、自由に飛翔するのです。それこそ、あなたがいつも忘れてしまう本当のあなたです。その全知全能の存在が、できないことがあるんでしょうか？　数兆個の惑星を抱える銀河系を1000億個も作ったプルシャが、17歳のナターシャ1匹作れないと思いますか？　何で、

90歳のあなたが、17歳のナターシャになるのが、難しいんですか？　**「あなた」がなるんじゃなくて、プルシャがなるのです。**

無限の選択肢をプルシャと遊ぶ！

思い出しましょう！

宇宙で実際に起きているのは、「フリーインナーフォーカス」だけでした。105ページの図のように、虚空の海プルシャが行ったある周波数へのフォーカスが、アカシックレコードに起きます。すると、一つのデータ＝エネルギーが現実界に降りてきます。それがマカバ構造を取り、二つの三角形が時間と空間を創り出し、そこに生息する私という分離された「私」＝アイデンティティーを創り出す。そして「私」にプルシャ自体が化して、体験する。

限定された宇宙、孤立感を味わうともいえますが、大きく言えば、限定がない無限では、体験自体が不可能なのです。限定することにより、初めて体験が可能なのです。すなわち、宇宙自体が「限定」でできているのです。良いも悪いもないですよね。さて、アカシックレコードのデータは何種類ありますか？

すべてのすべて、無限です。何でもあるのです。およそ、あなたが想像できる限りのすべてと、想像できないすべてがです。17歳のナターシャなんて、それだけで無限に近いバリエーションがあります。キーウの都会で育ったのか、ダーチャの田舎で育ったのか、プレアデスで育ったのか？　エーテル世界の話なのか？　色々と。要は、プルシャがその気になれば、一瞬で可能。問題は、プルシャがその気になるのだろうかですって？

知りません。

ただし、あなたが今そのことに真剣に興味を抱いているとすれば、その気配はありますね。だって、あなたもプルシャ自体ですからね。**夢だけ見させて、カネだけ巻き上げる！そんなことをするプロダクションとは、プルシャは違うのです。**18歳のアナスタージアが可能な理由を、もう一つ挙げましょう！

あなたが変わらない理由

若い頃と変わりませんね？

そう言われたら嬉しいですよね？　でも、ここの趣旨は全く別です。

パラレルワールドに本当に飛べるのなら、いつも飽きもせず同じ顔で同じ性格の自分でなくたって良いんじゃない？　という宇宙人からの提案なのです。

あなたが変わらない理由は何でしょうか？

義理堅いからです。

今までの自分に固着している。まるっきり違う自分に変わってはいけないと思っている。

違う言い方をすれば、**自分のすぐ隣にしか飛ばないのです。何の？**

「時間」と「空間」と「感情」の。

今のあなたの周波数が、今の場所を選んでいます。次の瞬間、あなたの新しい周波数に従って、どの場所に移るかが決まります。最初の場所のすぐ隣は、たいして違わない周波数。

しかし、**かなり違う場所を指し示す周波数を選んでもいいんです。では、どっちが難しいの？**

全く同じです。

第7章

こう見えて時空を操るあなた

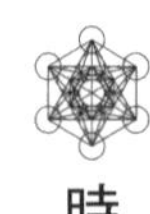

時間の移動とは？

まず時間ですね。

今の次は、次の一瞬ですか？　いいえ。それが違うんです。次の一瞬は、前とほとんど変わらない周波数を持っています。では、前と全く異なる周波数、遠い未来とか遠い過去は選べるのでしょうか？

はい！

では選ぶために、**近い未来と遠い未来ではどっちが難しいのでしょうか？**

同じです。

実は、一瞬先も、遠い未来も、全く同じ時間データ層であるアカシックレコードに保存されています。同一平面上というか、差別なく、均等な一つのフィールドに。どっちが前とか、後とかもありません。そこで、あなたの理性が、毛むくじゃらで矢じりを研いでいるあなたを見れば、過去と思う。一方、ＵＦＯの母船内でワープの計算をしている自分を見たなら、未来と思ってしまうだけです。実際は、**過去も未来も変わらない、ただの観念データにすぎません。均一なのです。**値段も、一個30円位で変わりません。

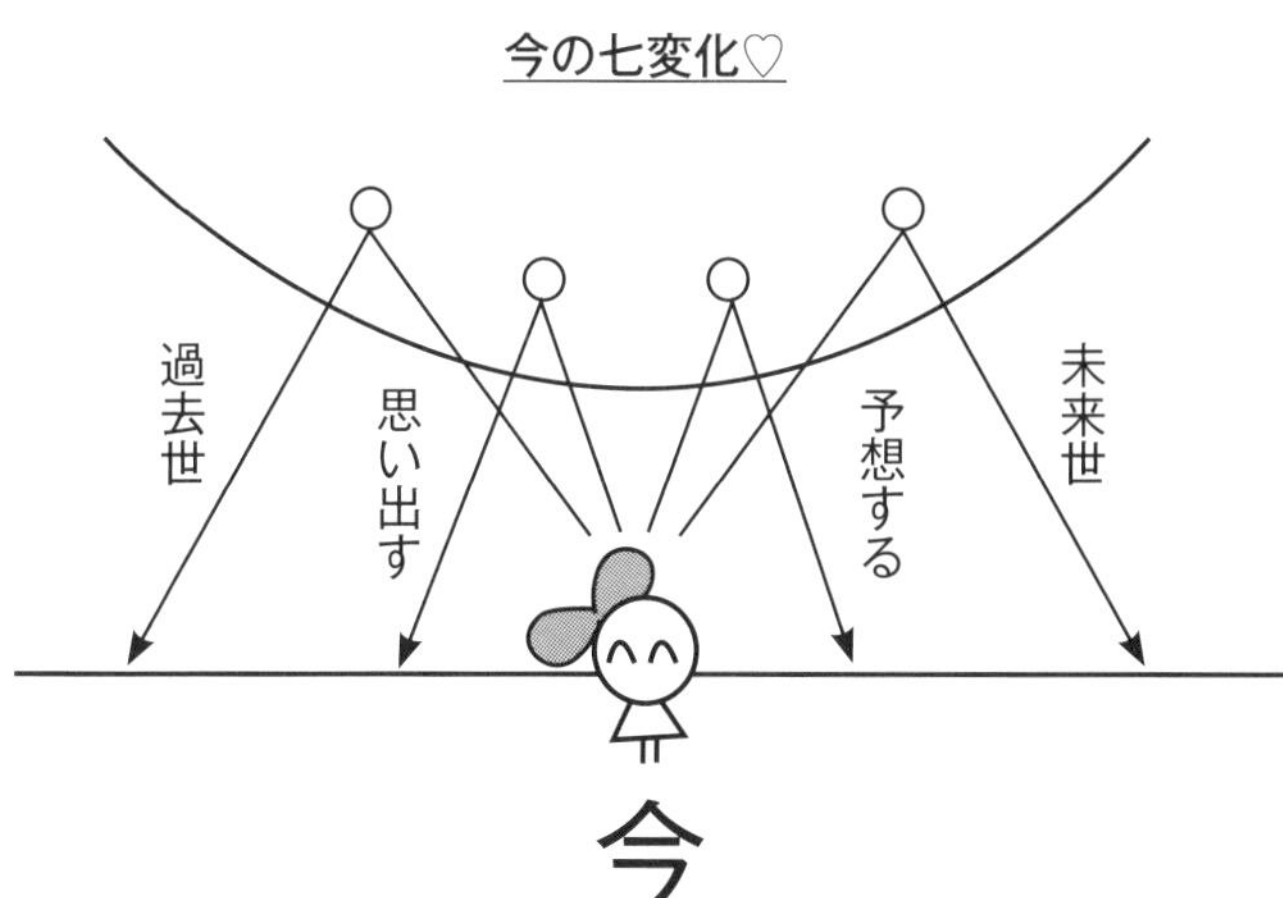

今、宇宙から来て我々現代の地球人に情報提供している宇宙人と称する人々の中には、未来から来る人もいます。凄いですよね！しかし、彼らから言えば、別っつに―っていう感じ。

ずっと後ではなく、一つ後から来ている。彼らに対して、しばらくぶりでしたね？といった地球人がいました。10年前に交流した記憶があったからです。しかし、彼らはこう答えたのです。しばらくぶりではなく、「一つ前ぶりでしたね！」と。これってどういう事でしょうか？

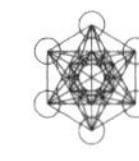

空間の移動とは？

どんなに過去でも未来でも、一つ前か一つ後なのです。（前と後という観念にこだわっていえば）。では、空間はどうでしょうか？

あなたは、東京から歩いて網走まで行きたいですか？　どうか知りませんが、まず一歩踏み出したとしましょう。そこであなたは言います。まだ、ほとんど移動していない、と。それを見た宇宙人は何というでしょうか？

前から一歩目ですね！と笑顔でいいます。次にあなたは、網走に着きました。歩いていくなんて大変なことですが、あなたはまだ立てないのでハイハイで行きましたから、着いた時は年も取り、ベビー服も真っ黒でボロボロ。あなたは言います。「ようやっと、こんなところまで来たジョー、バブ。」と。そこに迎えに来た保護者の宇宙人は、何というでしょうか？

「前から一歩目ですね！」

そうなのです。**全部一歩目なのです。なぜか？　アカシックレコードにあるデータの二つを繋げただけだから。最初の東京の次に、今は網走を選んだのです。**

「ええ!?　途中の日光のいろは坂や青函トンネルも、苦労したんだジョ！ふざけるな！バブ。」

しかし、実際は、網走の今の一瞬前は東京だったのです。途中のプロセスはどうなるのでしょうか？　**実は、今あなたがその観念、途中経過の観念を浮かべた時だけ、記憶として下**

りてくるのです。アカシックから。思い出さない時は？　存在していません。なんしょうと？（博多弁）　え？　じゃあ思い出すってどういうことなんでしょうか？

思い出すことはパラレル移動

パラレル移動なのです。

過去に関心を抱き、その一点に周波数をフォーカスする。すると、その記憶がよみがえったと思いますが、実は、今の今、アカシックからその周波数に見合ったデータを下ろしただけなのです。実際は、その過去らしいパラレルに飛んでいるのです。そして今、そこから我に返り、今にいて、その過去を確かに経験したと主張します。しかし、東京にいた時間と、いろは坂や網走にいた時間は、同時なのです。脳の洗脳を解くと、実際は時間がない宇宙なので、同じ平面上、同じ位置にあるただの情報、データです。だから、そのどこにフォーカスするか？　だけですべてが違って見えるのです。

あなたが存在するのは、たった今だけですが、今のあなたのフォーカスが網走にいる、その前は東京だったともいえるし、青函トンネルだったともいえる。**今のあなたの観念が周波**

数となり、それに沿った記憶がアカシックから降りてきて、その通りの過去があったかのように見える。それだけなのです。

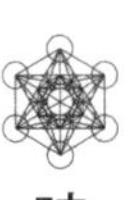

時空は今選択する

時間移動の見方で整理しなおしましょう。

東京にいた時間と仙台の時と網走の時はズレていないのです。アカシックレコードの中では、皆対等で均一な同一平面上のデータバンクの、一つのデータに過ぎません。時間と似ていますね？　時間もただの周波数の違い。

仙台から、函館を通り網走まで行ったというその順番は、人間の観念が脳を使い捏造したもので、実際はその順番である必要すらないのです。だから実際は、東京の次の時間は網走なのです。網走に着いたとき、あなたの保護者である宇宙人が、「東京から次の一歩でようこそ網走に！」というのもうなずけませんか？

次の質問！

「毎瞬間が、その時の周波数でフォーカスしたアカシックにあるデータだけを体験する、なんておかしい。その前のプロセスが無いなんて！　私が50年ぶり、赤ちゃんの時ぶりに痩せられたのは、絶え間ない努力と、給料すべてをダイエット商品につぎ込んだ大きな犠牲の上の話なのよ！過去のプロセスに意味が無いなんて許せないわ！」と。

すいません！興奮しないでください。お気持ちはよく分かります。あなたが大変な苦労をされたのは。え？　どう分かるかですって？

はい。今のあなたの周波数が特定のデータをアカシックから解凍して、今の体験を生んでいます。そのデータの内容が、今までさんざん苦労してやっとの思いで痩せられた！だからなのです。ほかに理由はありません。え？　じゃ実際にそのプロセスはなかったの？

はい。なかったともいえ、あったともいえです。**今現在のあなたの周波数が、どんな固定観念をもつものなのか？　何を体験したいのか？　それが、ホログラムを生み出し、そんな人生を歩んでいるという実感を創り出すのです。しかし、存在するのは今のみであり、今のあなたの周波数が、過去の一切を創り出すのです。**

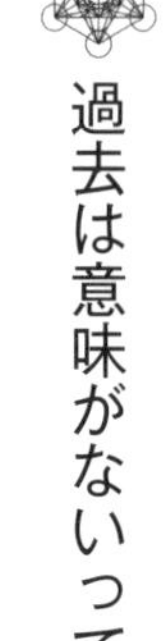

過去は意味がないってこと？

　ということは、過去は変わるってことですよね？　しかも毎瞬。だって、あなたの周波数が変わるのは毎瞬で、周波数が違うと異なるデータを解凍し、異なるパラレルを体験する。ならば、毎瞬異なる過去を持つのだから、過去の信頼性、信ぴょう性は？

　ま、全然ないっすよね！だめですね、これは。解約ですね！そう、過去はほとんど意味がありません。でも、今までは役に立ってきました。何のために？

　そう、地球独特のアドバンテージ、そしてデメリット、「ローカル私アトラクション」を存続させたのです。どうやってでしょうか？

　過去の記憶らしきものが無いと、時間というイリュージョンが生じない。そして記憶がないと、「私」がいるという証拠が一つも無くなる。そうすると、プルシャが夢を見た超限定された「個」を味わい、宇宙でも稀な孤立体験を味わえなかった。それを可能にした功績は、けっして忘れてはなりません。記憶や過去って、本当によくやりましたよね！

　しかし、進化した人類や宇宙存在は過去を採用することが無いのです。意識次元が上がってくると記憶を採用することが自然になくなります。この章の趣旨が分かって来ると、過去にはほとんど意味が無い。それに捕われる理由も何もない。さらには将来を考える意味は？同様になくなります。どんなに未来に不安を感じようがそうでなかろうが、実際の未来は存在せず、今、想像しているにすぎない。未来が実際やってくると、その瞬間特定の周波数をあなたは選びます。あっ！あなたが選ぶんでしたっけ？

はい。プルシャがです。本当のあなたですね。**その瞬間が来ると、プルシャが選びます。それは、今日の今、あなたが想像しているものと同じではありません。その瞬間が来なければ決して分からないように、プルシャ本人がカギをかけているのです。**そして、もっと重要なことがあります。

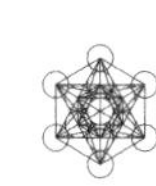

別人が体験する未来

あなたは、決して未来を体験できない！のです。何故でしょうか？

毎瞬間、われわれ存在というものは、異なるフリークエンシー（周波数）を持っています。ということは、異なる人。だから、今の楽しみを犠牲にして将来に備えても、その将来の果実を刈り取る人は、同じ人ですか？

無意味な心配は無意味

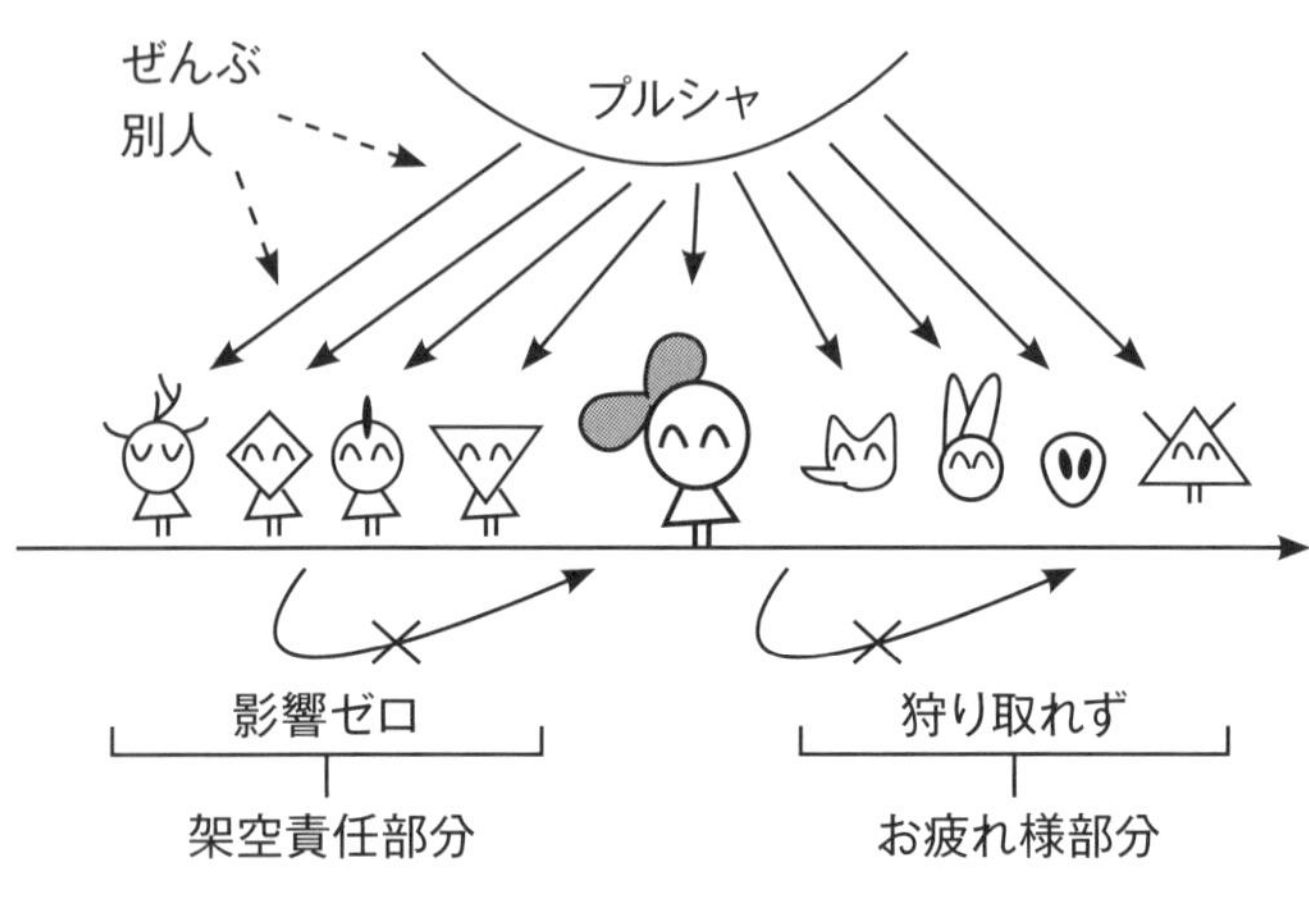

そう、全く違う人なのです！　その瞬間のプルシャがチョイスした周波数が、全く新しい人格となって体験します。だから、**今自己犠牲して頑張っている人と、将来の恩恵を刈り取る人は、全く別人なのです。**ということは、未来のために今を犠牲にする、苦労するのは全くナンセンスという他ないでしょう？

結果を考えること自体も、狂気の沙汰なのです。将来は、未来は、あなたとは何の関係もありません。だから、最近の宇宙情報の様に、「結果を考えると実現しない！」といっているのです。さて、まとめてみると？

過去はただの記憶、そして未来の予測も、実はあなたとはなんら関係がありません。どうせ、毎回違ってしまうものなのです。必要ありません。クーリングオフ[*]期間中ですから即解約してください！

＊聞いていた効果効能と違う場合は、解約できます（笑）。

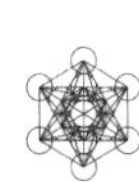

存在できるのは、点？

時間は流れていません。空間も実は広がっていません。時空の元はなんでしたっけ？

アカシックレコードの中の一データが解凍されると、時間と空間が脳によって捏造され、いる体験は、常に瞬間ですよね？　時間が流れていないから。そして場所は一点ですよね？

「地球人生」を体験できるユニークなアトラクションでしたよね？　では、今あなたがして空間の広がりは無いのだから。ということは？

あなたの体験のすべては、動かない点です。アカシックにある時のように、一点なのです。あなたが周波数で選ぶ、一点ごとに時空が異なっているのです。ということは毎瞬間、いつでも、もれなく異なる体験を選び出すことができますね？　では、**今までいた一点の隣を選ぶ必要は？**

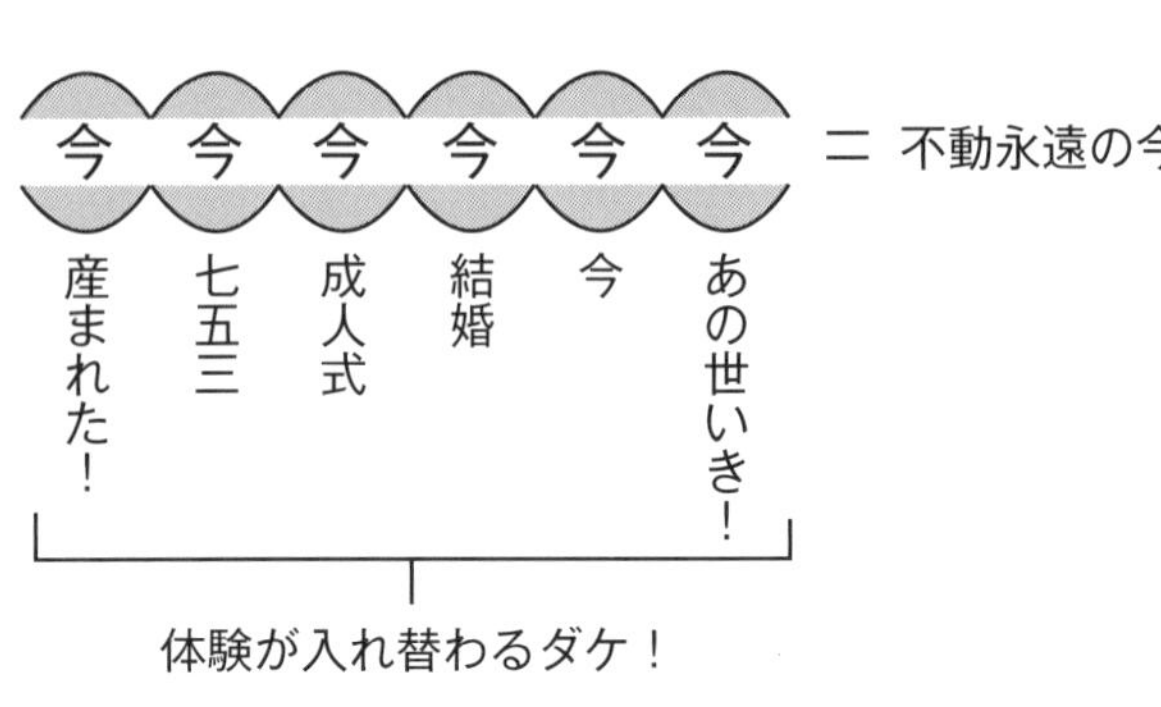

無いですよね？　今までも、誰もそうしてくれ？　とは言ってなかったんです。

【覚醒チャレンジ】のサワリです。

実は時間が流れているという証拠は、もともとありません。あなたが生まれた時、それは「今」でしたよね？「今」以外に体験するということは起きないからです。その後七五三をやってそれも「今」だったでしょ？　成人式はまたもやその時の「今」体験しましたよね？

そして「今」結婚した。今あなたがビッグマックを３つ食べ終わったのも「今」ですよね？　やがて死ぬときも「今」でしょう？　さて、あなたは今まで、「今」以外を体験したことがあったんでしょうか？

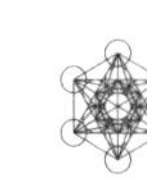

全ては永遠の今の中で

そう、あなたは「今」以外を体験できないのです。いったい誰が、時間があるなんて教えたんでしょうか？　時計が動いているからですか？　時計はただ回るように作られているだけで、時間とは何の関係もありません。お日様が昇って沈むから時間があると分かるのですか？　いいえ、お日様は、昇ったら、沈む習慣があるのです。時間とは関係ありません。では結論は？

あなたは、「今」以外に生きられません。実は「今」以外の時間が宇宙には存在しないのです。あなた自体が「今」なのです、永遠の「今」とは、あなたのことだったのです。その「今」の中に、あなたの誕生と成人式とウエディングが入っていますが、皆、同時に起きているのです。ただ順番だけがあるように感じますね？　しかし、それすらあてになりません。**あなたのフォーカスがあるところを今生きることになる。決まりはそれだけなので、過去を思い出しただけで、実は過去のパラレルに飛んでいます。過去を思い出すとは、パラレル移動だったのです。**

ポイントは、今あなたがどの周波数、どの時点にフォーカスしているか？　だけを体験す

るということです。
時間の後には空間をやっつけたいですが、この本の最後（258ページ）でやっつけられます。お楽しみに！

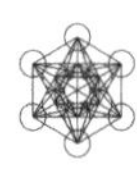

時空をフリーチョイスできるあなた

移動とは何か？　まず、あなたの内部のアカシックの中にある、自宅の位置を意味するデータを選ぶ。次に成田を選び、ニューヨークからプレアデス……とデータを選んでいるだけなのです。ならば、さっきの、時間を選んで時間旅行をするのと空間移動は何が違うのでしょうか？

何も違いません。時間と空間の移動は、全く同じことなのです。アカシックレコードの中にあるデータの選択を変えること。それだけ。その結果は？　パラレルの移動。お！パラレルの移動が、時間旅行？　パラレル移動が、空間の移動？

そうです！時空体験というイリュージョンは、何とパラレルの移動にすぎなかったのです。

さてさて、結論は何でしょうか？

あなたはプルシャ。**あなたが観念を変える。すると、アカシックからどんなパラレルでも選べる。ということは、どんな時空でも創り出せ、その体験ができる。例外は？　なし。**ではアバター（私）との関係は？

アバターとは、あなたであるプルシャが選んだ特定のデータが、解凍される時の副産物で生まれた架空のアイデンティティー（個性）。アバターが観念を浮かべたのか？　と見えて、実際はプルシャの観念。だから、オールマイティーであるプルシャが、自由自在にどんな時空をも飛翔して、楽しみまくっている、その一端をあなたは「私」と解釈している。この飛翔する生命であるプルシャはどんなものでも選択できる。17歳のナターシャをはじめ、全宇宙の愛の総体でも、スリの親分でも、ディープステートでも何でも体験できるのです。そして、どれがより良いということもありません。皆ただの体験です。

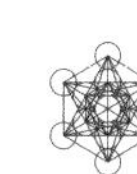

あなたが選べる可能性は？

地球特有のデータ＝体験としては……

破産、離婚、ガン、自殺、ルーチンワーク、うだつが上がらない、病気勝ち、メタボ、シングルマザー、老人ボケ、孤独死。

一発逆転、ヘレン・ケラー、シンデレラ、宗教、習い事、レムリアの復活、人類を救う、アセンション、地球と一体化、女性性の解放、宇宙的エクスタシーを感じる、イケメンとのラブラブ生活ｅｔｃ．

宇宙的データ＝体験としては……

パラレル移動、テレポーテーション、タイムマシン、風になる、光になる、集合意識になる、母船で暮らす、アルクトゥールスのプリンスにさらわれるリラの美少女、オリオン大戦の決着をつける、集合意識になる、多次元存在になる、他の星の神界をちょん切って地球の神界に引っ付ける、新しい銀河を創り出す、宇宙全次元を瞬時に体験、宇宙中のエクスタシーの総体を体験ｅｔｃ．

基本、お代金はどれでも同額で、受け取りの条件はありません。信用調査は済んでおり、プルシャは信用があるので、**どれでもいつでもどこでも手に入ります。**

口癖でパラレルを飛ぶ

口癖って何でしょうか？

いつも、お金がない、お金がない、と言っている人に豊かな人はいませんよね？　また、寒い日に、寒いと言われると、寒くなかった人まで寒くなるってことないですか？　そう、**言霊（ことだま）でそうなっちゃうんです。そして、気分が変わるということは、パラレルが変わるということです。一瞬でパラレルなど変わるのです。**かなり気分が落ちているあなたに、イケメンがやってきて、

「可愛い！」「綺麗！」「若くなったね！」「いいケツしてるね！」

と言ったとします。最後のだけは微妙ですが、他の言葉では、パッと明るくなりませんか？

私がよく口に出るのは、

「面白いのは……」「笑えるのは……」「どうやって自由になり、世界を変えるのか？」

などです。

使う言葉、言霊によって、一瞬でパラレルが移動します。発する人と、聴く人とが。だか

ら、**言葉は選びましょう**。そしてさらに話題もです。病気の話、災難の話、陰口など、とっても簡単に不幸なパラレルに自他を巻き込むことができます。面白いですね！

日本男性は、私をはじめ褒めるのが苦手です。例えば女性に対し、

「前は、大分暗い奴で太ってるし、まず付き合いたくない女だ！と思ったんだが、今はそうでもなくなったよね。」

これ、褒めてるんですよね。女性は信じられないでしょう？　男ってこうなんです。これも、前はこうだったという表現の時に、すでに聞く方のパラレルは、暗くてみじめなパラレルへ転げ落ちてしまっていますから、後から、今は良いとか言われてもアフターフェスティバル（後の祭り）なんですよね！そうではなくて最初から、

「スマートになったねー！」「驚いたよ！明るくて輝いてるねえ！」

とか言ってください！二人のパラレルは、天にも上るでしょう。

最初のパターンだと、女性からも、

「あんたこそ、クソ親爺じゃない！」

との反応が出て、双方悪のスパイラルに。しかし後者のパターンだと、

「そんな風に言ってくれるあなただって、髪の毛が2倍の6本に増えて素敵！」

などと、好循環が生まれるのです。

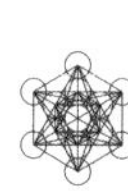

ナンパされる理由は？

たとえば、吉田統合研究所のテクノロジーを使うと人が変わります。最近ポピュラーなのは、ナンパされるようになった、です。

ある60代の女性は最近、新宿の街を歩いている時、生まれて初めてナンパされました。初めはキャッチセールスか？　と思いましたが、あまりに押しが弱いので、ナンパと判明したそうです。相手は真剣でした。相手の年は？　だいたい30歳ぐらい。倍くらい違いますよね？

この話を講演会でしたところ、ああ私も！と62歳の女性が言いました。ヒーリングウェーブを使い始めた2年前に本屋さんで。何故なんでしょうか？

そう、**オーラが違うのです！いったん失ったと思っていた若さと美を取り戻したからです。**

私はよく質問します。若くて綺麗だった頃（あ！すいません）幸せでしたか？　ほとんどの方は手が上がりません。すなわち、若くて綺麗なことと幸せは関係が無いのです。いったん失った若さや美を取り戻した時に感じるものを、幸せというからです。幸せの性質自体がそうなのです。最初から、セレブ家庭で美貌（びぼう）を誇っていたらそれが当たり前ですから、何とも思いませんが、いったんそれらを失ってから取り戻すと、何とも幸せになるのです。これは、大いなる全てであるプルシャが、幻想的な変性人格アバターになったと思いこみ、やがてプルシャであることを思い出した時に感じるエクスタシーと同性質のもの。すなわち、**無くしたものを取り戻した時の幸福感がオーラとなって輝くのです**。だから、息子より下の年齢の男性がナンパしたくなるのです！

さらに、77歳で彼氏と関係が出来た人もいます。ヒーリングウェーブから愛の周波数などを浴びた84歳の男性は、初恋の女生と再会し、今は同棲しているそうです。全ては、華やぎの波動、周波数の問題なのです。金持ち、美人、能力が理由ではないのです。ただし、これを理解された後は、自己責任でお願いします（笑）。

ミスユニバースを超える方法

大学時代に、クラスに170㎝くらいで八頭身、ミスユニバースにでも出られそうか！と

チャームなありのまま

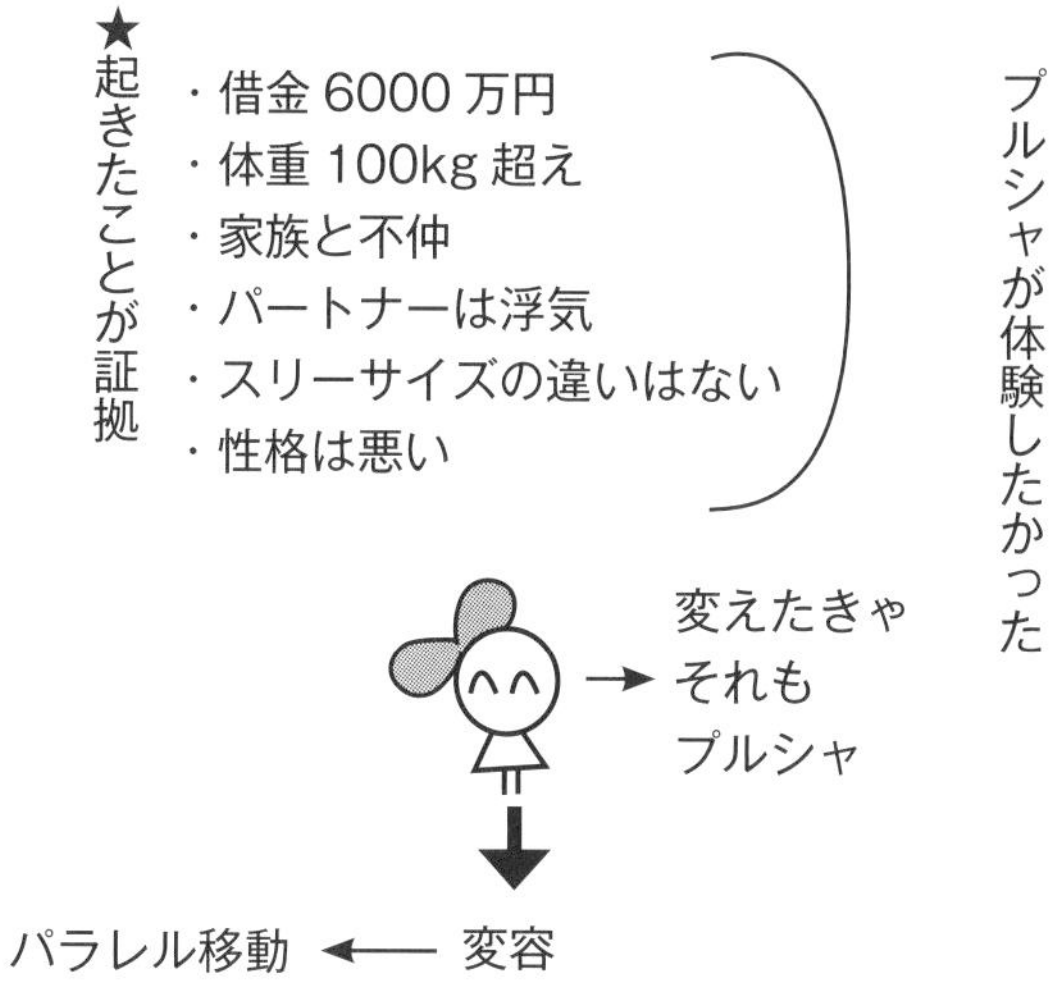

★起きたことが証拠

・借金 6000 万円
・体重 100kg 超え
・家族と不仲
・パートナーは浮気
・スリーサイズの違いはない
・性格は悪い

プルシャが体験したかった

変えたきゃ
それも
プルシャ

変容

パラレル移動 ← 変容

いうくらいの美女がいました。ところが、どういうわけかあまりもてないのです。一方、隣のずんぐりむっくりの娘。スリーサイズの違いもあまりなく、顔もホームベースみたいだったんです。ところが、男と歩いていない時がほぼなくて、昼飯など何人も男を従えていました。20歳過ぎの私は、この神秘現象の本質が見抜けませんでした。それから10年たった今（笑）、その訳が分かってきました。何だと思いますか？

　ミスユニバース候補の方は、自分が好きではない、自分のありのままが好きじゃないのです。一方、ホームベースの方は、ありのままの自分が好きだったのです。**プルシャは「ありのままで完璧」という波動をもっています。それがあると、オーラが出、無ければ魅力が無いのです。**

では「ありのままで完璧」のありのままって何でしょうか？

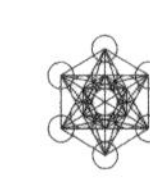

ありのままとは？

典型的なありのままを挙げてみましょう。

「病気がちで友達もおらず、借金は６０００万円になった。パートナーは女の所へ行っているらしく、自分のスリーサイズには違いがなくなっている。顔も崩壊しつつあり、性格は？　と言えば、悪い！」

いったいこれのどこが完璧なんでしょうか？

プルシャは、あなたや彼女に入って、経験したいことを正確に確実に存分に体験しています。間違えることはありません。すなわち、**今そんな状態が生じているということは、それこそが正にプルシャが今体験したいことなのです。それが現に起きているということが証拠です。**アバターであるあなたがどんな判断を下そうが、プルシャはそれでいいと思っています。というか目的達成です。じゃあ、変えちゃいけないの、ですって？　もし変えたくなったのなら、プルシャが変えたくなったからですよ。しかし、その状態が良くないとアバターが思ったとすると、変わるのは遅くなるでしょう。その周波数にこだわるから、その種のパラレルをまた選んでしまうのです。じゃ、どうすれば？

プルシャが選んだことは、すべてそれでよい！とサレンダー（降伏）しちゃいましょう！するとその執着が無くなる。するとその種の周波数を再度選ばない。そしてもっと素敵なパラレルに移動する。

あのホームベース娘は、「ありのままで完璧」だったのです。自分の外見でなく、性格が好きだったんでしょうかね？

いいえ違います！その存在自体が好きだったのです。すなわち、プルシャが起こすすべてを認めていたかのような感じです。

１７０㎝の美女のように、いくら美人に生まれても、ありのままで完璧と思わなければ、もてることも幸せを感じることも難しいでしょう。

他星人からのメッセージでは、電車の中で彼らの目に見えるのは、子供たちだけだそうです。大人たちには、全く存在感がないと。理由は同じです。「ありのままで完璧」からほど遠いから、全く見えないと言っていました。

自由な人の特徴は？

自由な人の特徴は何でしょう？

いつでもない、どこでもない、誰でもない。

ま、何でもないのですが、これは何の特徴でしょうか？

そう、プルシャのです。痴呆症のではありません。

地球人の不幸の原因は何でしたっけ？　「私」でした。何故、「私」は不幸なんでしょう？「私」を感じるときは、時間と空間に閉ざされているから、ともいえます。自分が、時間の中にいつもいつもいつにいる。だから、〆切が間に合わない。空間のどこどこにいる。だから、プライバシーがなくってイライラする。さらに、時空によって捏造された架空の「誰」＝「私」を感じるので、「私」がブスだと言われた！とカーッ！となる。ブスと言われたのが隣の奥さんだったら、あなたはこう言うだけ消して。「それは、そうでしょう！」。したがって、この**私が無いことが自由なのです**。もともとありもしないものですし……

先にも述べたように、時間は常に今であり、永遠の今の中でいつもくつろいでいる生命があなた＝プルシャ。自分の中にあるすべての時間点のどれにでもなれる、体験できるのが自分であるプルシャ。だから結局、自分はその中のどの点でもない、どの時間でもないのです。選びたければ、どの時間でも選べますが、自分はそれらをすべて上空から見るコンドルのような、全てから自由な存在なのです。

「いつでもない、どこでも無い、誰でもない、とんでもない」これらの感覚を是非掴んでください！いつもこの位置でくつろいでいただけたら、それは至福です。光一元ともいえる、何も見えない「ありのままで完璧」な状態です。

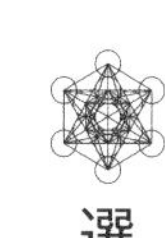

選択より全托

さて、パラレルが飛べない理由は分かったから回避できる。

抵抗しない。受容する。解決したり対処に走らない。問題視したり原因追求したりしない。

そこまで腑に落ちたあなたが、次の質問をしないことを願います。

「じゃ、どうやってパラレルを飛ぶんですか？　そのコツは？」

これを見て笑った方がいますか？

ならば、あなたは理解しています。全てを受容した人には、その質問が消えるからです。

現象である出来事、あなたの想念、感情のすべてを受容したら、あなたの方でやることはあるのでしょうか？　そもそもなぜ、すべてが受容できるのでしたっけ？

そう、**すべては宇宙唯一の存在であるプルシャが起こしているから**。

だとすれば、あなたが何か努力することはできますか？　できないですよね。じゃ、何もできないいんでしょうか？　そうならばこの本を書いている意味はあるんでしょうか？

ありません！（笑）が、あります。

プルシャは、この本を私の指を使って書かせています。今、指が追いつかないほど情報があふれてきて、誤字脱字のオンパレード！　さっきは、一時泥のように寝ました。このように、プルシャはこの本を出したがっている様子。一方、あなたはこういう変わった本を手に取って、買ってまでいる（あ？　まだ立ち読みなら、買った方が良いですよ（笑））ということは、著者、読者、出版社、宅配便の兄ちゃん、本屋さんのすべてにプルシャが入って、運動会が始まっているのです。各々実際は、プルシャなのですが。しかし、それぞれがそれぞれの理由でやってしまうのです。同様に、パラレルを効率的に飛ぶ方法はないのか？　という質問。いくら聞いてもいいし、努力したかったら、プルシャがそういう観念を出していますから、構いません。しかし、答えはシンプルです。

不要です。

なぜなら、飛ぶのはプルシャだから。**プルシャがその都度、最も適切でエキサイティングなところに飛ぶことになっている**。だから、あなたは何もしなくていい。だけではなく、それを自主的にする「私」はいないのだと分かればいい。すると、より美しく飛べる。もともと、存在していないあなた＝「私」が努力してコツを見つけ飛ぶことはあり得ない。しかし、そういう「私」がいないということを、ちゃんと知っていた方が、楽しく、美しく、自由に飛べる。しかし、その知るか知らないか？　までが、プルシャによって決まること。したがってただ任せているままでよい。

プルシャは勝手に飛ぶのです。オートマチックでオールマイティー！に。だから、何の心配もいりません。もし万一、あなたが何かのコツを見つけ、努力したくなり、さらにとてつもなく凄いパラレルを選んでしまって、凄っげー！まじかよ！と感動したとすれば、それこそがプルシャの決めた体験。そのまま存分にお楽しみください。ただ、次のことをお忘れなきように……

どうしたら良いかのコツが突然現れ、努力が出現し、凄いパラレルへのフォーカスが起き、感動がもたらされたのだ、と。

あなた＝「私」ではなく、ひたすらプルシャによって。

第8章

陰陽スピン存在セクシーに育つ

ゼロがポイントを創りスピンしてリゾネート

宇宙を創造したプルシャは、最初はゼロ、虚空の海でした。ポイントさえなかったのです。プルシャの中に存在したいという意図が生まれ、ゼロポイントが出来ました。その存在証明であるポイントは、核といわれ、すべてのスピンが宇宙に現れる大元の核になりました。核には、幅は無く、空間もありません。やがて、宇宙中に現れる無数のスピンにも核がありますが、プルシャが最初に創った宇宙大のスピンの同型種スケールの、それらはフラクタル（相似象）だったのです。そして、宇宙中に出来たそれぞれの核は、中央の大きな核とリゾネート（共振共鳴）して躍動しています。

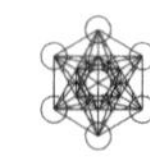

時空の発生は陰陽の分離

時空って本当にいいですよね？　もしインヤン（陰陽）が無かったら、何一つ現れる余地が無かったのですから。宇宙究極の一者であるプルシャが、陰陽の二極に分かれて創造が始まりましたが、**陰陽の差、差額が、エネルギーと動きを生むのです。**

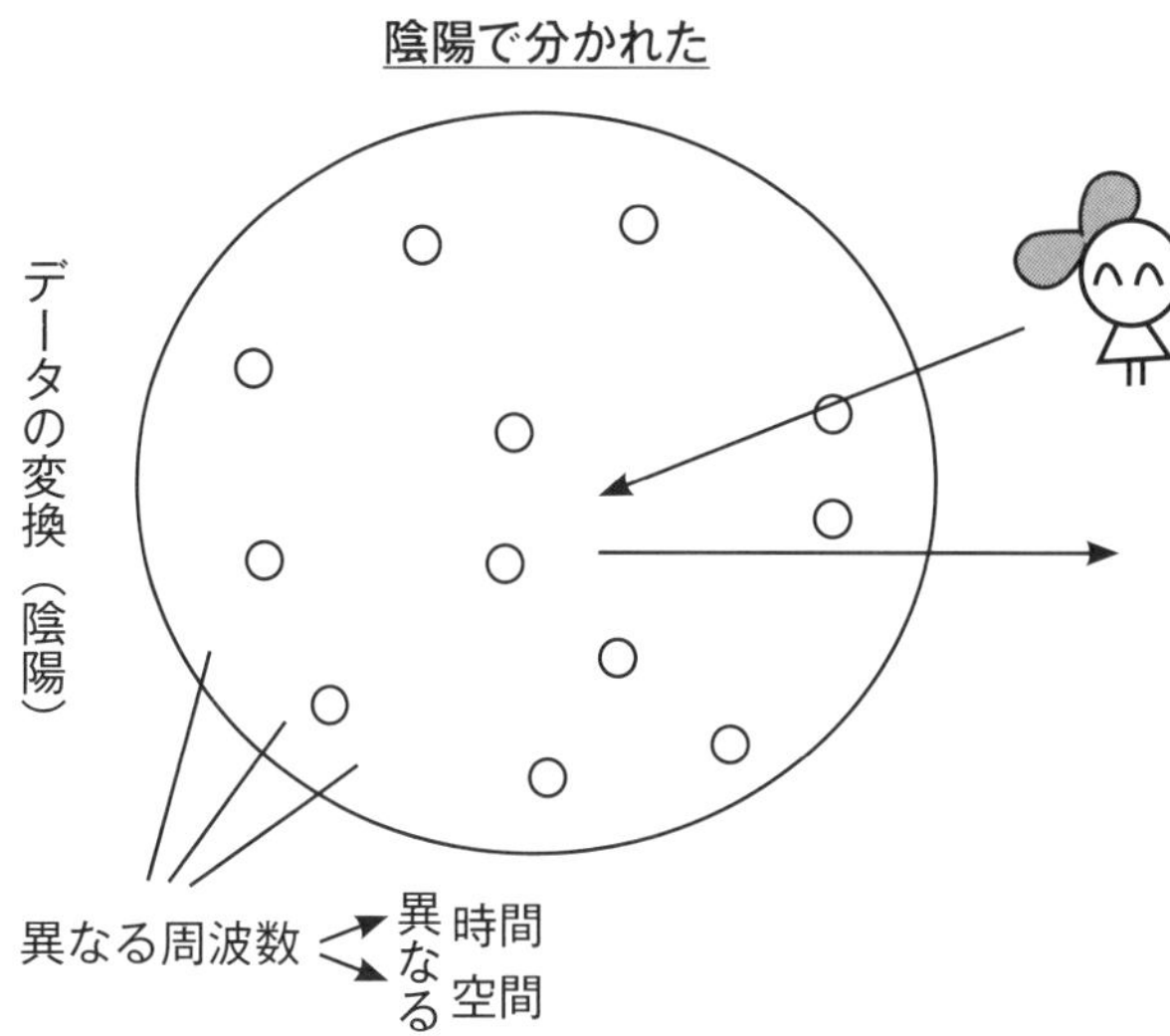

まず、すべての空間は、プルシャが持つ潜在可能性として、すべてプルシャ内部のアカシックレコード内に保有されています。一杯入るんじゃ、よほど大きなスペースですかね？

いいえ。点なのです。え、え～?? 点ですか～。てんで分かりません！

宇宙には、もともと空間が無く、実は今でも無いのです。無数のデータはゼロポイント内のアカシックレコードにあり、各々のデータはただの周波数に過ぎません。さて、ゼロポイントだったプルシャは、それぞれのデータに異なる周波数をナンバリングしました。その**周波数の差がエネルギーを生み、動きを生み、隣とは違う、違う場所だ、動いていく、進行する、広がった、という幻想を生んだのです。**すなわち、我々地球人がいう空間が広がったのです。もともと二極に分かれる陰陽の分離が、空間を創ったのです。

次は、時間です。全宇宙は、今の中にあります。あなたが生まれた時も今で、成人式も今で、今も今であり、今しか人間には体験できないのでしたよね？　ということは、宇宙は常に永遠の今であり、時間は永遠に動いていない。じゃ、時間があると勘違いした原因は？

そう、順序にあります。一個一個の事象、出来事が連続して流れているように見えるからです。しかし、順序は、人間の脳が人工的に繋げて意味を持たせて楽しんでいるイリュージョン。したがって、見方を変えれば、時間は流れていない。なら、今まで言われて来た時間とは、事象の配列のことですよね？　では、なぜ配列ができるのか？　各事象、出来事、体験は、固有の周波数をもったデータといえます。そう、周波数が皆違うから事象が多数あるのです。ですから、根本は周波数の違い。そして、それは元々、**1000ヘルツと100 1ヘルツとは別物だとする差の発生＝陰陽の分裂から起きました。陰陽の分離が周波数の差となって、異なる「時間」に解釈しうるデータ（事象）の違いという幻想を生んだのです。**

結論は何でしょうか？

時空の出現は、陰陽の分離だったということです。

これでお分かりのように、宇宙自体が陰陽の作用で機能しているのです。この分離→合体→統合→分離が、セクシャリティー。そして陰陽を生じさせているのは、エクスタシー自体だということです。

宇宙がセクシーになった理由

ここまでをまとめてみましょう！

物質世界のはじめ、物質が何もない量子場に意識の投入がありました。量子力学ではそれを観察者の意識といっていますが、それはプルシャのです。今でもそうです。プルシャがあなたという観念をもつと、あなたになり、あなたが見るという行為を起こします。それは、プルシャがあなたを通じ、ある観念を起こし、見たかったから見た。その観念を体験するために見た。すると何もなかった量子場にバイブレーションが起こり、電子のスピンが生じた。

この回転＝スピンが「存在」というイリュージョンを生じます。回転体である電子が水素を作り、やがてありとあらゆる存在を創り出しますが、すべてスピンしています。このスピンは、何で回るのでしょうか？

「喜んで回っている！」。講演会で私がそう伝えた時、一番前に座っていた30歳くらいの女性が泣き出し、その後もずっと泣いていました。その通りなのです。**回転の原因となるエネルギーは、喜びなのです。エクスタシーなのです。すなわち、宇宙全ての存在は、エクスタシーで回転しています。**喜んでいないのは、我々人間だけだったのです。（笑）

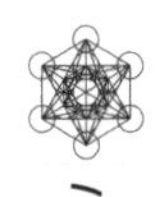

ミトコンドリアと雌雄の発生

陰陽の分裂、スピンはエクスタシーの中で起きました。地球で言うなら、その頂点は人間をはじめとする雌雄の発生。インヤン（陰陽）のシンボルである雌雄に分かれないと、生命は不死になります。地球でも人間をはじめとする真核生物以外の99％は、いまだに不死なのです。陰陽に分かれたために死ぬようになったのです。

ミトコンドリアが細胞に繁殖し、そのため活性酸素が死を生み出したのと、雌雄が分かれたのは同時でした。雌雄が分かれないと、次世代に生命が継続できないため、ＳＥＸできる雌雄を生んだのです。そうならない方が良かった？

もしそうなら、未だにあなたはバクテリアだったかも。生命エネルギーであるＡＴＰ生産が少なすぎて、体が大きくなれないからです。ミトコンドリアが、それまでの18倍のエネルギー（ＡＴＰ）を作れたために皆さんは大きくなれたのです。

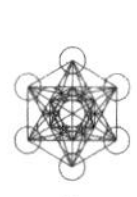

自然界自体がセクシャル

美しい大自然自体がセクシャルです。樹木が最も美しいのは、生殖の季節に爛漫（らんまん）に香る花ですが、それは木の生殖器。

大地の精霊といえば菌。宇宙自体が、目に見えない生命エネルギー、すなわちプルシャの波動で動いており、センサーが優秀な人はそれを精霊の働きに感じます。その精霊が生命物質化した最初の形態が菌。菌はだから、周波数に即反応し、高い周波数では10の何乗のスピードで繁殖。それが豊作の理由です。

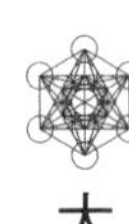

大地の精霊　菌

吉田統合研究所の製品に「大地の精霊」があります。コスメなしで美しい人生を、というビジョンで開発されましたが、高次周波数と特殊菌を使っています。

大地にもともと存在する精霊が、物質化現象を起こして菌になるということは、もともと菌は目に見えない意識に近い物だったということ。カタカムナを発見した楢崎皐月(ならさきさつき)博士は、文部省の中で、何もない空間に菌を自然発生させてみせたそうです。感染ではありません。この事実が文部省から発表されることはありませんでしたが。

物質はいわば凍りついた音。周波数を変えると物質化するのです。他から感染すると信じられてきた菌も、体の内部発生だった、感染は実際には起きておらず、自然発生している、とは宇宙からの情報。では、菌を持つ人の近くにいると感染するようにみえる現象は何？意識におけるレゾナンス（共振共鳴）に過ぎないというのです。さらに、良い菌が悪い菌に変わることもありますよね？　腸内細菌など。その原因は何でしょうか？

「場」の悪化。人体の持つ周波数が悪化したから。「場」の低波動化が無ければ、善玉菌が悪玉菌に変わることなく、正常細胞がガン細胞になることもありません。体という「場」のエネルギーの周波数がすべてなのです。菌は、この事実をハッキリと見せてくれる生命体。

そんな大地の精霊である菌が、その繁殖期に取る形は？　そう、あの男性の一部のように見事なキノコになります。セクシャルだと思っていいですよ！セクシャリティーが悪いものだという洗脳がここ数千年以上はびこってきました。その目的は、セクシャリティー、さらに言えば宇宙のエクスタシー性に近づかなければ、大衆は悟ることがない、自由に目覚めないのをよく知っている人たちがいたからです。しかし**宇宙自体がセクシャルなのです。宇宙の開闢（かいびゃく）は陰陽の分離のエクスタシーだったのであり、今もずっと華やいでいるのです！**

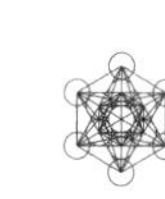

スピンが生まれて自己主張

宇宙は無限で一体です。プルシャ自体がそうなのであり、現在も実はそのままです。しかし、「体験」というものに関心があったプルシャが「体験」するためには「限定」が必要だったのです。何故でしょうか？

無限は体験できません。茫洋として、何にも感じない。そこで、そこに限界を課し、そこ

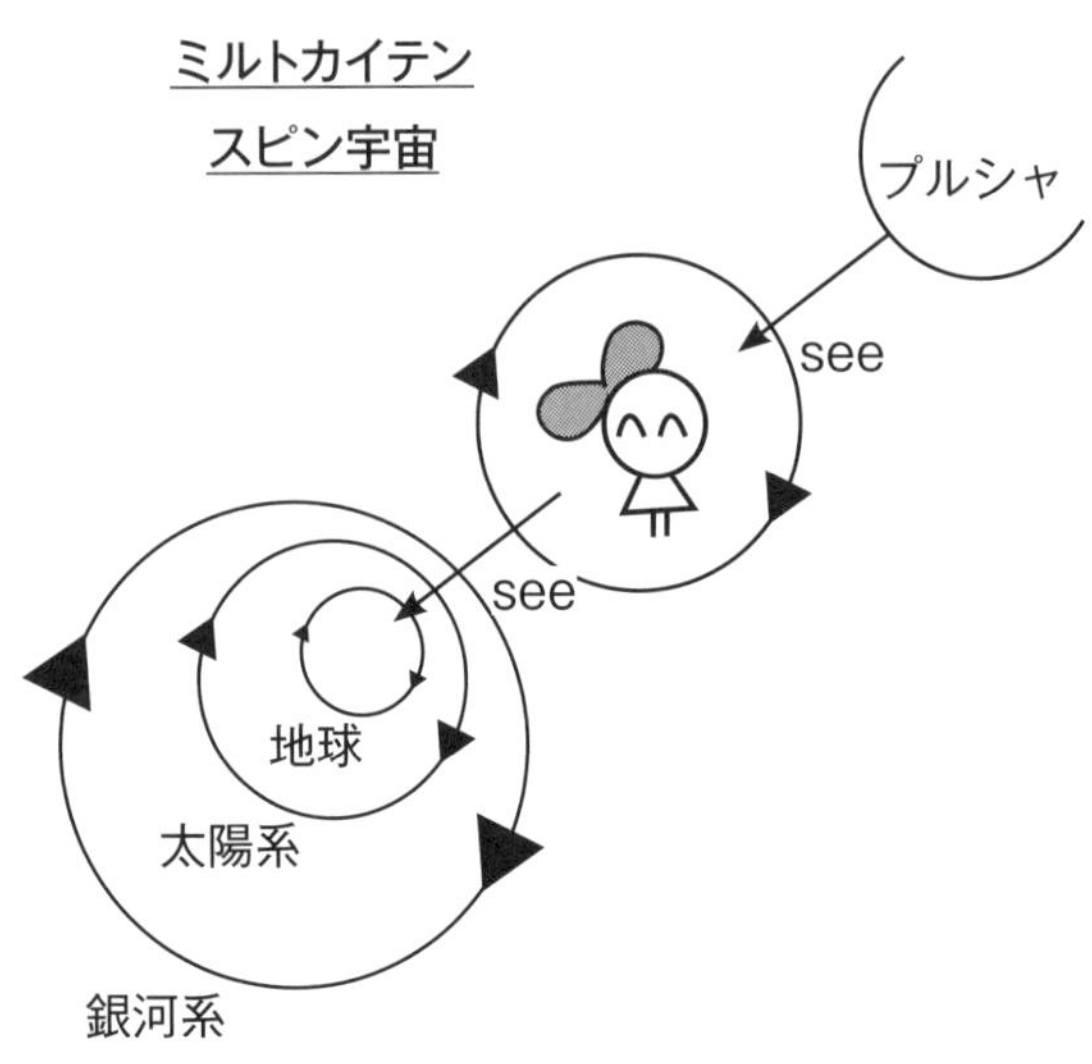

だけ分離して区切り、隔離し、孤立させることで体験が可能になります。さて、プルシャはどうやってそれを可能にしたのでしょうか？

見ることによってなのです。ちなみに、プルシャとはあなたのことですからね。宇宙には、プルシャ以外は何も存在していません。プルシャが見ると点が生じ、存在宣言をします。「ぼくちゃん！いるよー！ここにいるよー！」と。

その点が回転し始め、スピンが生じます。銀河がそうです。正月に回す独楽(こま)がそうです。重力があるので上下が出来、回転して、軸が出来、円盤上に動きます。しかし、宇宙では、上下や左右がありません。もともと、宇宙には上下や左右や東西南北がないのです。したがって、中央には軸、より本質的には点が回転の本体になります。**存在とは何でしょうか？ そう、それはスピンする点のことなのです。**何故それは起きますか？ プルシャが見たからです。存在しようとした、それは見ること。それって何？ 意図を持つこと。意図が存在を創るのです。

スピン＝回転内部は、その外とは別の世界、隔離され独立し閉じた宇宙になり自己を主張します。クオークもそう。電子もそう。そして銀河もそう。では、もしプルシャが見なかったら、それらは？

無かったのです。というより、今も無いのです。虚空の海というプルシャがあるだけで、全部は一つ。そこに、ある種の観念、意図、体験欲求をプルシャが寄せる。すると、点が生じ、スピンが生じ、一個の独立存在イリュージョンがホログラム的に現れる。ちなみに、プルシャって誰でしたか？

そう、アバターであるあなたもプルシャです。少し小ぶりですが、同じことをしています。関心を持ち、フォーカスし、特定の周波数にチューニングする。すると、その存在が現れ、それがあるかのような体験が生じる。まとめると？

プルシャがあなたという意図（観念）を持つ→アバターのあなたがいるように勘違いし、

エクスタシーレゾナンス

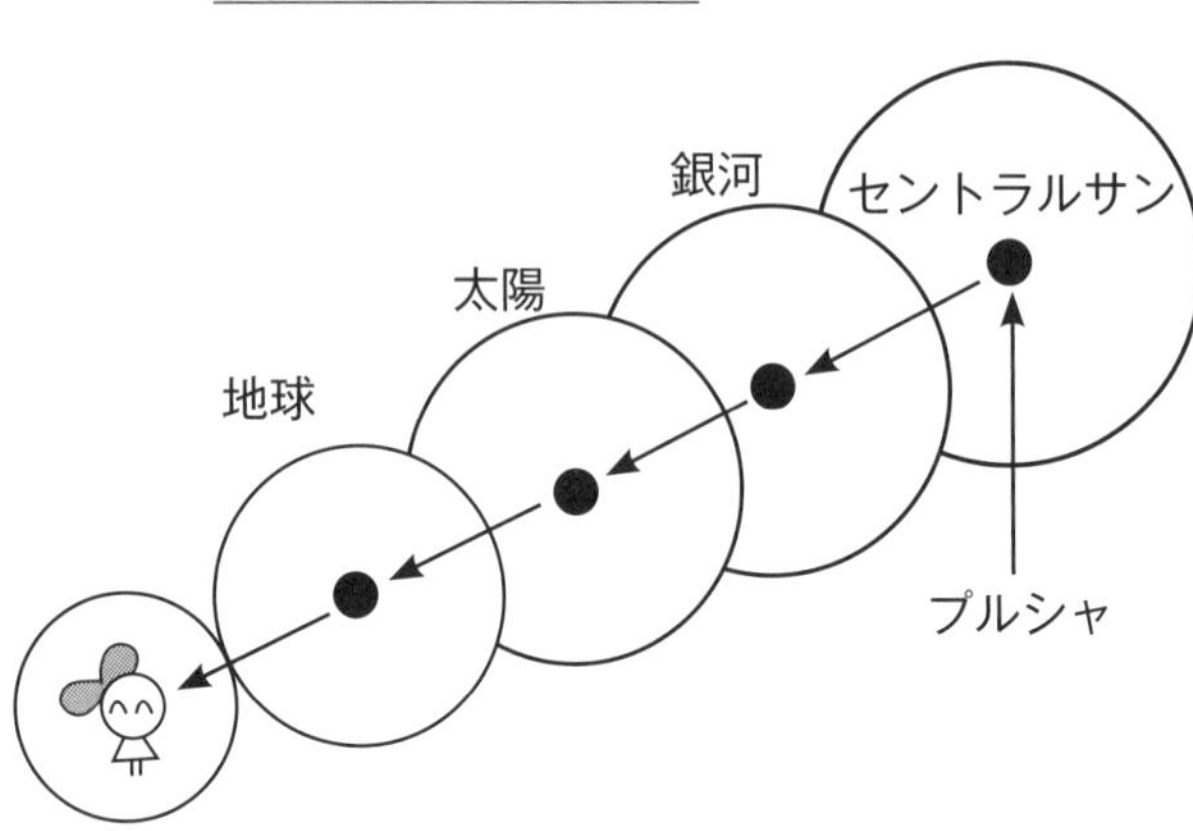

あなたが意図（観念）を持つ→それが焦点を結び回転させ、存在しているかのような幻想をもたせ、そこから体験が生まれて、目出度しめでたし……

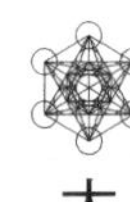

太陽と地球の核も性エネルギーの源

すべてのスピンを生み出す、中心核は点でしたね？各人間の中心にあります。それは重力がある地球では軸になって、円盤回転を生みます。この中心核のエネルギーはどこから来たのでしょうか？

地球に回転をもたらす中心核からです。では、地球の核のエネルギーはどこから？

太陽の中心核からです。では太陽の核はどこから？

セントラルサンから。ではセントラルサンって何でしょうか？

プルシャが最初に生み出したゼロポイントではないでしょうか？　プルシャが、存在しようと意図し最初に作り出した点。その点が、無限エネルギーと究極のエクスタシーなのです。全ての存在を生み出した点自体がエクスタシーということは？

存在自体が、エクスタシー！　二極に分裂して宇宙を営み体験するあなたの本当の姿がエクスタシー！　だから、至福であることが自然です。そうでない体験はあなたらしくないので捨ててください！

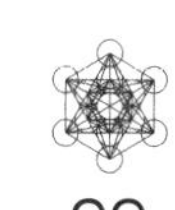

99％寿命が不死

不老長寿は昔から1番人気であり、そんな製品は夢を売りながらベストヒットになりやすい。以前、私が安眠枕の商品名を募集した時、感動のあまり危うく採用しかけた名前があります。その名は？

安眠枕「永眠」！おそらく発売しても、私ともう一人くらいしか買わないでしょう。そのくらい、人は死ぬのが嫌で、死なないのが好きです。では、死なないことは可能でしょうか？

はい。**地球に住む99％の生物は未だに不死です。実は、人間をはじめとした真核生物など1％にも満たない生物だけが死ぬのです。**大腸菌も植物も不死。では、何で我々高等生物だけが死ぬのでしょうか？

皆さんの祖先にはシアノバクテリアがいます。6000度の溶岩の中でも、いい湯だな！っと生きているタフな面々。本当は、お盆にお迎えするご先祖の中にシアノバクテリア祖父ちゃんやナマコ祖母ちゃんも入れなくてはいけないのです（ナマコも人間の祖先）。さて、バクテリアの時、皆さんは不死でした。どんどん分裂を続け、決して生命が途切れることはありませんでした。

25億年前に細胞内に発芽したミトコンドリアが、生命エネルギーATP生産と引き換えに活性酸素で死を創り出したため、子孫を残すために雌雄を発明し「不死性の維持」を成し遂げました。だから、あなたはエッチした方がいいのです。え⁉

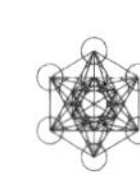

死ぬと良いことがいっぱい！

何で死ぬような生き方を選んだんですかね？
聞いてくれれば反対したと思うんですがね？　実は、死んだほうが良かったんです。さて、その心は？

毎回死んだ方が、その都度、新鮮に生きられる。はかない命こそが、生きることの喜びと美を際立たせるのです。

分離してからの統合こそが、至福だから。分離しない雌雄未分離の統合体のままでは、動きが無いのです。宇宙と命に。だから、いったん分離して再び統合するプロセスに無上の喜びがある、その結果が進化です。宇宙自体がそう出来ているので、永遠の命を選びませんでした。**新しい命を生み出すセックスがエクスタシーを伴うのは、この宇宙的帰還、再統合の小型シミュレーションだから。感じて当たり前です。**宇宙の統合を促すためにコンパクトなエクスタシーをご用意して、皆さまをお待ちしています！というのが宇宙のキャッチフレーズなのです。遠慮しないで感じてください！

だから、性の喜びを否定してしまうと、他のすべてとの統合、一体化、共振共鳴、味わい、

未来を開くガン細胞！

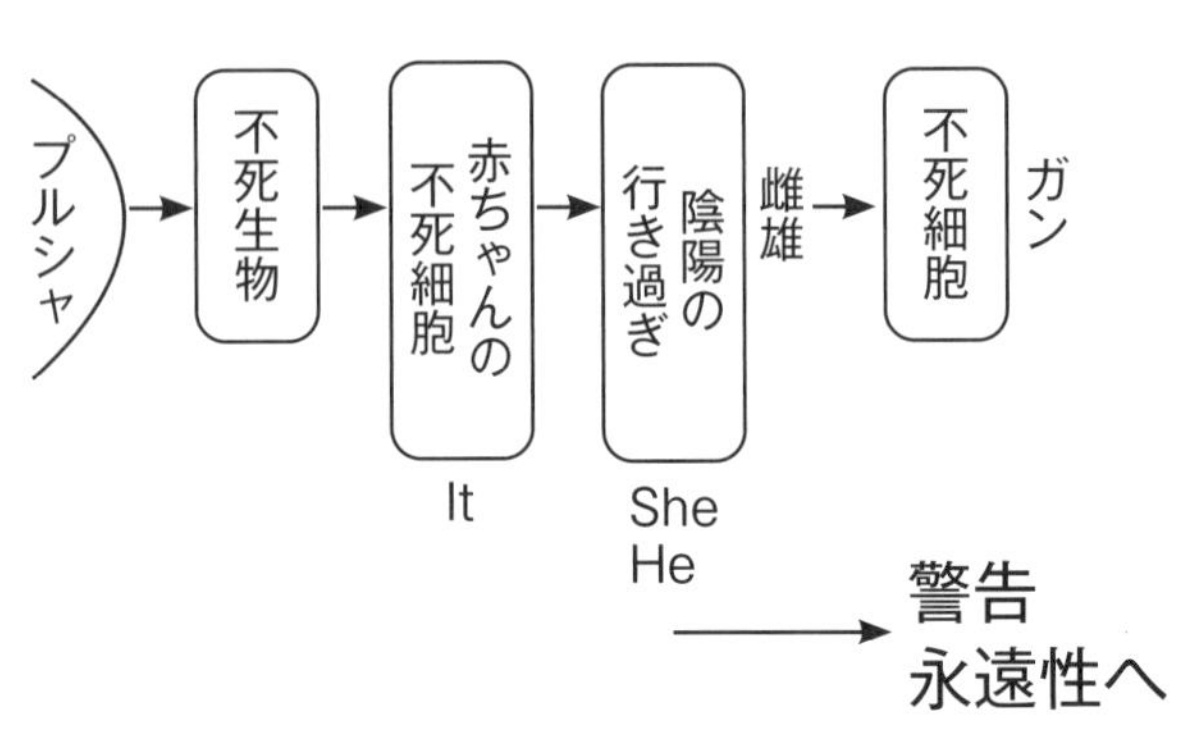

慈しみ、ほのぼの、歓喜を捨てることになってしまうのです。**我々の宇宙は、見るものすべてとの一体化を勧めています。もともと一極だったプルシャ、あなたのことですが、統合体のあなたが、陰陽の二極に分かれておいて、それが合体統合するときにエクスタシーを感じる、それが生きるということ。だから、喜びこそが正しく、軽さと至福がナチュラルなのです。**一言で言えば？

陰陽統合のエクスタシーこそが、生きること。まとめると……

ミトコンドリア→不死からの離脱→雌雄への分離→高度な生命体→分離した固有意識（私）→高度な統合→エクスタシー

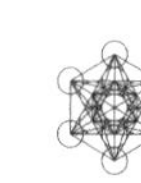

宇宙は分裂と統合で呼吸する

宇宙中が、陰陽の分裂とその統合で呼吸しています。命＝呼吸ですから、陰陽の分裂と統合なしには命が無くなる、すなわち死んじゃうんです。統合だけが尊いのではなく、分離と統合の入れ替わり立ち替わりによって、生き生きした新鮮な命が躍動する宇宙だったのです。

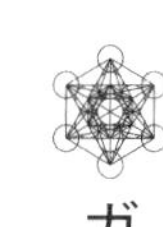

ガン・永遠の命へのナビゲーター

ガンは怖くありません。吉田統合研究所の先駆者の実験で驚くべきことが判明しました。体の中で悪い場所はすべてプラス（＋）帯電です。子宮筋腫も腫瘍も炎症も皆プラス帯電で、陽電化現象を起こしています。ではガンはどうでしょうか？

なんと、マイナス帯電、正常な状態だったのです！　宇宙からの情報によると、ガンは、浄化のために必要な働きをしているというのです。さて、今ガンの何が問題視されているのでしょうか？

ガンは、不死なのです。何故でしょう？　ミトコンドリアがいなくなった細胞だからです。

ミトコンドリアがいないとなぜ死なないのでしょうか？　実は、ミトコンドリアが重大なスイッチを持ち逃げするから。アポトーシスのスイッチです。自己死、すなわち自分で死ぬことができるスイッチ。例えば、あなたの指の細胞は毎日更新されますね。もし、前日までの細胞がそのまま残っていたら、日に日に指は膨れてしまい、グローブみたいになってしまいますよね？

極度の免疫低下が原因で、ミトコンドリアがそのスイッチが持ち逃げした細胞は、ガンと呼ばれ、死ぬことができません。その結果、肝臓なら肝臓がむしばまれ、肝機能を失って死に至ると言われて来たのです。しかし、視点を変えてみましょう。このガン化現象は、いったい何を示唆するのでしょうか？

ガンは、「不死性の復活」。

あまりにも陰陽の分離性に傾き、統合から遠ざかり過ぎた人間。それを不死の統合世界に復帰させるために、ガンがメッセンジャーである可能性があります。ガンはマイナス帯電ですから、正常細胞。受精した細胞があっという間に赤ちゃんにまで成長する間、不死の細胞が働いており、実はガンと同質なのです。人間を不死に導くヒントがありそうですね？　永遠の若さや、不老不死という完全なニューパラダイムに。それには、人間における本質的な陰陽の統合が必要ですが。それが実現した時、ガンは人間の救世主であったと言われる可能性があります。

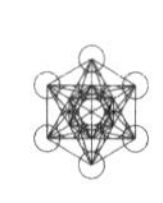

一極→二極→一極

ミトコンドリアが生産する活性酸素は、ガンのみならず、老化の原因。やがて死に至るシステムですが、死ぬことと引き換えに陰陽二極、雌雄二極が発動し、固有の意識＝「私」が体験できるようになりました。しかし、肉体レベルを超えて、生命意識そのものに注目すると、もともと不死なのです。それが、ガンをはじめとした人類への奉仕者と、**人類自体の目覚めによって、不死が当たり前なのだと分かってきます。すると、人体は死ななくなるでしょう。**吉田統合研究所でそのテクノロジーが完成するかどうかに関わりなく、人類の意識が目覚めれば必ずそうなります。雌雄に分かれながら、二極を体験しながらも、大元の一極に立ち戻ることで可能になるでしょう。

第9章

女性性は全面的な受容

大いなるものを受容する日本人

これからの人類進化のカギとなる女性性の解放は、受容そのものです。

この受容性は、日本人の自然への態度にも顕著です。最近ある外国人に地震のことを話したところ、地震って何ですか？　と聞き返されました。地震が全く無い国もあるんですよね。それに比べて、日本では地震をはじめ、火山の噴火、台風、津波などの自然災害が日常。しかし、それらに対して、日本人は大騒ぎをしません。淡々と受容して不幸な感覚を持つことさえ控えます。

江戸時代に来日した外国人はこう言いました。日本の凄いところの一つは、「天変地変に対してさえ、洗練された振る舞いをし、粗野な態度に堕さない。」と。交通事故で一人死亡してさえ大騒ぎするのに、火砕流などの自然災害で何十人の死者を出した際、ほとんど問題視されなかった報道に驚いたことがあります。日本人は、それをしょうがないことだ、と受容、許容してしまい、問題視する傾向が薄いのです。3・11の東日本大震災でも、他の国では、あんな天変地異が起きたらたくさんの暴動が起きるはずが、日本では全く起きないどころか、静かにもくもくと復興していった。救助に来たアメリカの軍人が、むしろ癒されて深く感動した、など多くの報告がありました。

大いなるものが起こす現象には、特に受容的です。すなわち、**日本人は、宇宙の意志、大いなる法則、宇宙の精霊など、宇宙の本質的な働き、高次の働きには、率先して受容し身を挺する特質があるのです。**ただ、それが裏返ると、リーダーがどんなに間違っていても、そしてマスコミなどを疑わず従ってしまう傾向があり、今回のパンデミックとワクチン事件では裏目に出ました。

一見、騙（だま）されやすい国民性に映りますが、逆の視点から見れば、極めて受容的で大らか、そして高次レベルなものに従順という性質です。したがって、これからの地球変革という大事業には大変に役立つ、有効なキャラクターといえるのです。

女性性＝宇宙への全面的明け渡し

受け入れるというと、何か弱っちい感じがしませんか？

これはここ５０００年間の支配者たちによる洗脳のせいです。究極的にはすべてプルシャがやっているので、誰が悪いとかはありませんが、単純に間違いです。
受容という、弱いものが実は強いのです。それを最も象徴するのは何だと思いますか？

「女性性」です。

変革する現代の地球を推進し次元上昇するカギは、女性性の解放。では、女性性とは何でしょうか？

女性は、受け身ですよね？　男性に比べると明らかに。体もそう出来ています。女性に宿り、最も美しく力強い特質である女性性は、いつ垣間見られるでしょうか？

実は、ＳＥＸの時に起きるような相手に任せきる受容性に秘密があります。相手を信じ切り、完全に相手に任せきらないと、エクスタシー、至福は訪れません。ある種無防備になれるのは、相手を、またはその状況を１００％受け入れているからです。そしてそれは、宇宙の「完全受容」への道なのです。

女性性のエッセンスは、「全面的な受容」です。受容といっても、自分の意に沿わないことを他人から押し付けられても抵抗できないという意味でしょうか？

いいえ。全く違います。研究所で行う【覚醒チャレンジ】のワークの一つに、相手の話を全面的に聞く練習があります。その時相手が、あなたはブスだ！とか、間違っている！とか言ってきた時、「そうですよね。」とか言ってはいけません。受容とは、嘘を言うことではないんです。相手の言うことを肯定することでもありません。肯定も否定もする必要なく、相手がそう言っている、相手がそう思っているということをただ受け入れるのです。通常、人は嘘を言いません。本人はただそう思っているのです。そのことをただ認めるだけです。

それと同じですね。全てを、それで最高とか、素敵だとか思おうとしても、ガンの再発とか、失恋の場合は無理ですよね？　では、どうして認められるのでしょうか？

プルシャが起こしているからです。復習しましょう！**出来事のみならず、あなたの感情と思考のすべては、プルシャが出しているのでしたね？　ですから、出来事も、感情も思考も、受容してください？　プルシャは、必要なことしか起こさず、絶対に間違いません。宇宙は決して間違わないのです。**

縄文～江戸時代の女生とは？

この女性性が最も美しく保持されてきたのは、日本です。東経１３５度に位置する文明がそれをいつも担って来たという説がありますが、日本文化の全てにいきわたってます。江戸時代に来日した外国人の報告の要約です。

「うら若い少女が道端でタライに水を張り、全裸で行水している。驚いている私を見てケラケラと天真爛漫に笑った。」「夫や家族に対する献身と無垢な愛は、イギリスのどの時代にも存在したことが無い。」

女性性の本質は、宇宙とのレゾナンスです。宇宙の高次波動を全面的に受け入れるのが女性性。女性の持つ全身に張り巡らされた性感帯は、本来宇宙とのレゾナンスアンテナ、共振共鳴のセンサーだったのです。では、どうやって？

焦点→軸→回転

存在するものは、回転しています。回転のためには、中心軸がしっかりしていなければなりません。地球の場合それが軸なのは、重力があって下に引っ張られるからです。最初は点なのです。さて、どうやってこの軸（点）を鍛えるのでしょうか？

それは「型」によってです。日本文化のエッセンスである「道」の名の付く芸事。例えば、茶道、華道、香道、剣道、柔道、合気道、弓道……どれも、修練してゆくと、中心軸（中心点）が整います。日本舞踊も軸が綺麗でないと、美しい舞にはなりません。この芸道以外にも日本では、日常の習慣にこの種の「型」がちりばめられています。ご飯の前の「頂きます」。早朝の天地への祈り、正座の習慣。お祖父ちゃん、お祖母ちゃんが普通に行っているご先祖や太陽への祈りなどの習慣。それらを自然に孫たちも身につける。すると、**「型」が自然に軸をハッキリ作り出す。すると、大地自然や宇宙とレゾナンス（共振共鳴）する。そうして、宇宙の法則でもある大調和性と一つになることができます。**日本の場合、素晴らしいのは、いちいち、こうしろ！ああしろ！といわないこと。「教義」や「憲章」「戒律」として、諭したり管理するのではなく、「型」によって全く自然に作用させてしまうのです。人がいなくても、落ちた財布を盗んだりしなくなるのです。

無宗教と自称する日本人が多いというのに、何でどの国にも見られないほどの道徳的行為ができるのでしょうか？

その答えは、「型」の文化に代表され脈動する日本文化なのです。

日本人は、言葉で言い表すことを美しいと思っていません。いちいち口で伝えず、姿で、立ち居振る舞いで、「型」で伝えるのです。世界的には、学校でハイハイハイ！と質問が多い生徒はいい子だと思われますが、日本では若干違います。

「あまり色々言うもんじゃありません。」

何故でしょうか？　**言葉にならない背後の物に関心があるからです、日本人は。**

美や芸術とは何か？

例えば、立ち居振る舞いが美しいことです。それはどうしたら可能でしょうか？　身のこなしカルチャーが充実しているのでしょうか？　違いますね。「軸」がしっかりすると、地球と一体化し、その結果、宇宙と一体化し、調和そのものの表現体になる。だから、美しい所作が現れます。所作だけではありません。その人の言動が愛に満ちて、力強くそしてたおやかになるでしょう。

美や芸術とは、プルシャとのリゾネート（共振共鳴）。宇宙の大調和性を垣間見せるもの全般です。美は、生理的に言えば、エクスタシーを感じさせ得るものです。エクスタシーが感じられるものを美と呼びますが、それは宇宙的な統合を感じるからです。それはまた陰陽の統合と同質のもので、我々の本体プルシャの持つ調和や至福とリゾネートしているのです。

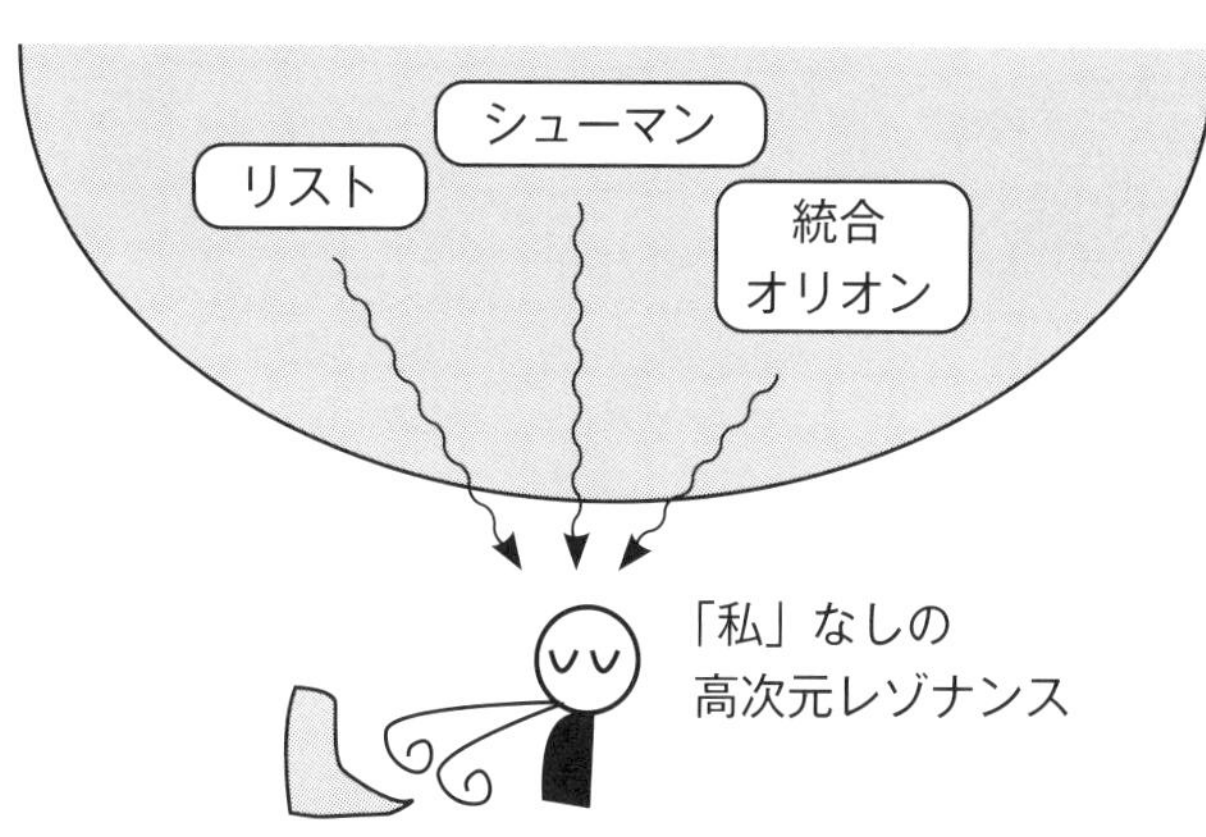

さて、高度の芸術はどんな特徴を持つでしょうか？

それを生み出す主体が、全面的に宇宙に委ねられているか、少なくとも創造の瞬間には、自分がいないのです。もし「私」がいたら、ろくな仕上がりにはなりません。

かつて旧ソ連のピアニスト、エミール・ギレリスが演奏してるとき、リストやシューマンが来ていると霊視した人がいました。もし本当なら、充実した練習の過程で「空」になってしまった彼が、その空っぽさゆえに、高次の天才の魂を呼び込んだのです。

実は魂というものはありません。先に述べたアカシックレコードにあるデータの一つに、周波数を使ってフォーカスした結果、生じさせたパラレルワールドに、リスト的またはシューマン的な宇宙波動をダウンロードしたと言えます。過去の聖者や天才はいまだに存在します。ただし、それは魂なのではなくて、データとして、波動、機能として。しかし、あなたがフォーカスすれば、単純にあなたの体に、宇宙的な芸術機能としてその働きが顕現します。

宇宙への明け渡し

実は、最初にリストやシューマンがこの世に生を受けたという事実自体がイリュージョン（幻影）です。実際は、プルシャが浮かべた観念自体が彼らなのです。その実質は、プルシャそのものでした。リストならリストというデータにフォーカスしたために、そのデータに命が与えられ、プルシャの体験として生き生きと生きたのです。

そして今、**ギレリスは「空」に近くなって、それができたが故に、純粋なリストのデータにフォーカスしました。それによって、感動的な高次元波動が、彼のピアノ線からプラチナのような光を放ってほとばしり出たのです。ギレリスは、その厳しい練習の過程で、「私」をぬぐい去っていたのです。全託することで。これが「受容」なのです。**自らを捨てて

（元々存在しないが）大いなるものに明け渡したからです。宇宙に対し、プルシャに対し。彼にその自覚があったかどうか？　は分かりませんが、おのずとそれが起きる境地にいたと思います。

だから、その瞬間のプルシャの願いである、純粋なリストのデータにアクセスできたのです。もちろん、ギレリスという「個」は実際にはないので、すべてそうさせたのはプルシャでしたが……

最大情熱のレゾナンス

受容、レゾナンスとパラレルの話をしましょう。

エキサイティングで感動的な体験をするため、その結果高次パラレルに飛ぶためには、それに見合ったレゾナンスが必要。最も高度なデータや体験を引き出すのもレゾナンスです。

かつて、旧ソ連の大指揮者ムラヴィンスキーに会いにサンクトペテルブルクまで行ったことがありますが、彼は、音楽そのものからレゾナンスのやり方を教えてくれました。

彼がブルックナーの７番交響曲を指揮した時、本番前日のリハーサルで、あまりにも感動的な演奏をしてしまいました。楽団メンバーが言うには、あたかも歴史的出来事に参加しているかのごとき感動があったそうです。ところが驚いたことに、翌日の本番をムラヴィンスキーはキャンセルしたのです。「神がやめろと言った。」と彼は言いましたが、後日楽団員に確認すると、「前日のような演奏はできそうにないから。」とも言ったそうです。

実は、ムラヴィンスキーにとって、音楽は神に捧げるものでした。彼の言葉にあります。

「神が認めるほどのレベルにならなければ、演奏してはいけない。」

と。つまり、リハーサルで最高の演奏を神に捧げてしまった彼には、もう本番をやる意味が無かったのです。**「今」だけの周波数体験がすべて、神とのリゾネート（共振共鳴）だけが彼にとってすべてでした。**コンサート会場に観客が来るのは、単なる儀式的な慣行にすぎない、と思っていた節があります。神が認めるほどのレベルに達するため、彼は何をしたのでしょうか？

今でもそのリハーサル風景が映像で残っていますが、厳しいリハーサルでした。他のどんな指揮者も問題にしないような些細なフレーズを納得するまで何度も何度も練習させました。しかし、楽団員にとって、それが大変クリエーティブでエキサイティングだったようです。何十回も演奏してきた曲でさえ、全く飽きることなく、常に新鮮だった、とコンサートマスターが証言しています。

彼のやり方を見ると、曲の全体を把握した後、その細部を磨き上げるプロセスで、波動をぐんぐん上げて行きます。**読譜、洞察、練習の過程で、神すなわちプルシャからの高次の光（周波数）が降り注ぎ、それを完全に受容できる受け入れ態勢が鍛えられて行くのです。**指揮者とオーケストラの、周波数を上げてゆく。全てがそのための手段でした。１００人を巻き込んだ共同作業をまとめる過程で、周波数は次元上昇していきました。このように地球の良いところは、そのプロセス一つ一つを味わえる点です。

高次のデータにアクセスする場合、これはヒントになります。画家でも同じです。絵の具を一つ落とすたびに、前よりも高次の波動に画家自らをシフトしてゆくのです。前日より上の波動になっていなければ、画家は加筆することはできないでしょう。アーチストでなくとも、**高い理想に、高次のデータにアクセスするときは、持てる能力の限りを尽くすことをお勧めします。その方が圧倒的に面白いし、予想もしなかった高次元世界を垣間見ることがあるからです。**

男性性はどうなる?

芸術には、全面的な女性性が必要です。大いなるものを全面的に受け入れるセンサーと度量と自由が必要なのです。さて話を元に戻して、女性性が解放されると男性性はどうなるのか、一般的な話に移りましょう?

男性性本来の働きが輝くようになります。**先の先まで見通した俯瞰的な広い目を持つようになります。**

存在は必ずスピンしていましたね? その中心は、軸ないし点でした。地球の場合は、重力がありますから、軸ですが、それは柱でもあります。昔から日本では神々の数え方として、一柱、二柱といいましたね。これは、回転する円の中心に宇宙、天からの波動が下りて来ると思っていたからです。それが村や家の中心に位置する大黒柱や立石でした。さて、男性性の位置はどこでしょうか?

そう、その大黒柱、立石なのです。

大黒柱は揺るぎなく、台風や地震の揺れにもバランスを取り、全体をプロテクトしながら心身の支柱として、雨風にも揺るがぬ安定の中心となり支えるのです。では、女性は何をす

男と女のカタチ

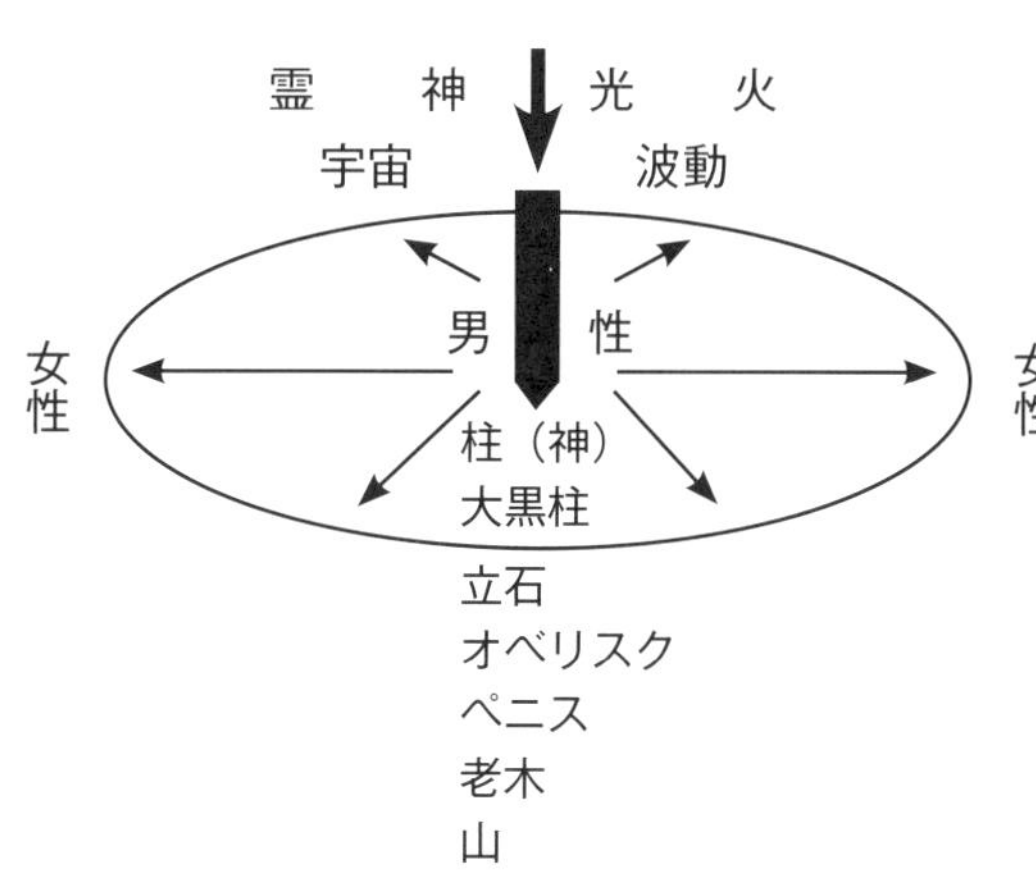

るのでしょうか？

女性性の形は円と球

　女性性は、柱周辺にそのぐるりを取り囲む円、または球だと言えます。千賀一生（ちがかずき）氏の詳細な説明にもある通り、炉端を中心としてその周りを囲む家族の位置。日本に３万６０００年前からあったことが最近確認された円形集落では、その集落の中心にある聖なる柱の３６０度の全周囲に、各家々が配置されていました。何故この構造が取れるのでしょうか？

　宇宙の法則を知っていたからでしょう。一点または軸を中心としたスピンによって存在が生まれる。そしてこの構造を取ると、宇宙の存在システムとレゾナンスできるから。凄いですよね？　日本人は、世界の歴史をはるかに上回る古代から、このことを知り、集落にさえその証拠を残してきたのです。だから、**女性性の形とは、中心軸または点に向かって包む円なのです。**

視点を逆にすれば、中心点または軸から放射される先にある360度の周辺円に、中心の高次波動がいきわたり、その結果が物質化された世界。女性性とは、この次元に物質化して姿を生じさせる、顕現の姿だったのです。

昔々、真ん中に座ったおじちゃんや長老を囲んで、多くの孫や村人たちが、宇宙的な英知の話を聞く姿。それが円なのです。中心から放射される英知が、100％受け取られる受容の姿が、円です。宇宙的には球ですが。

100％受け入れられるということは、受け入れる対象に100％の信頼を置いているということですが、見方を変えると、献身的であるとも言えます。自分を無にして、相手を受け入れるのですから。したがって、**女性性が発揮された姿は何かに対して非常に献身的であり、それは尊く美しく周囲にも自身にも感じられるのです。その献身は、高次なもの、尊いもの、美しいもの、大いなるもの、崇高なものに対してなのです。**

ゼロから無限を創る回転

さて、宇宙創成を少し逆算してみましょう？

はじめに、宇宙にはプルシャしかおらず、虚空の海でした。プルシャとは、あなたの事でしたね？　そのプルシャが、「存在」という観念に興味を持ち、存在を創ろうと意図を放出し、それは線となりました。そのベクトルのような線の先にも点しか生じません。そこで、プルシャ本体の本質である無限性を空間に、翻訳、転写するため、何をやったと思いますか？

そう、回転し始めたのです。最初は、１度の移動です。**移動自体が、インヤン（陰陽）の分裂なのです。この位置とその位置という二つの要素に、元々一つの位置を分離したのです。**もともと宇宙は「点」です。時間も空間もありません。それをイリュージョン（幻想）として時空化するために、陰陽分裂を起こし、場所の移動幻想を生みました。

ポイントは角度です。中心から出た線を１度だけ動かしました。すると、その放射先には曲線を描いた短いですが弧が生まれましたね？　では、そこに点は何個含まれていますか？　無限です。どんなに短くても、点は無限に含まれます。

ホログラム幻想曲

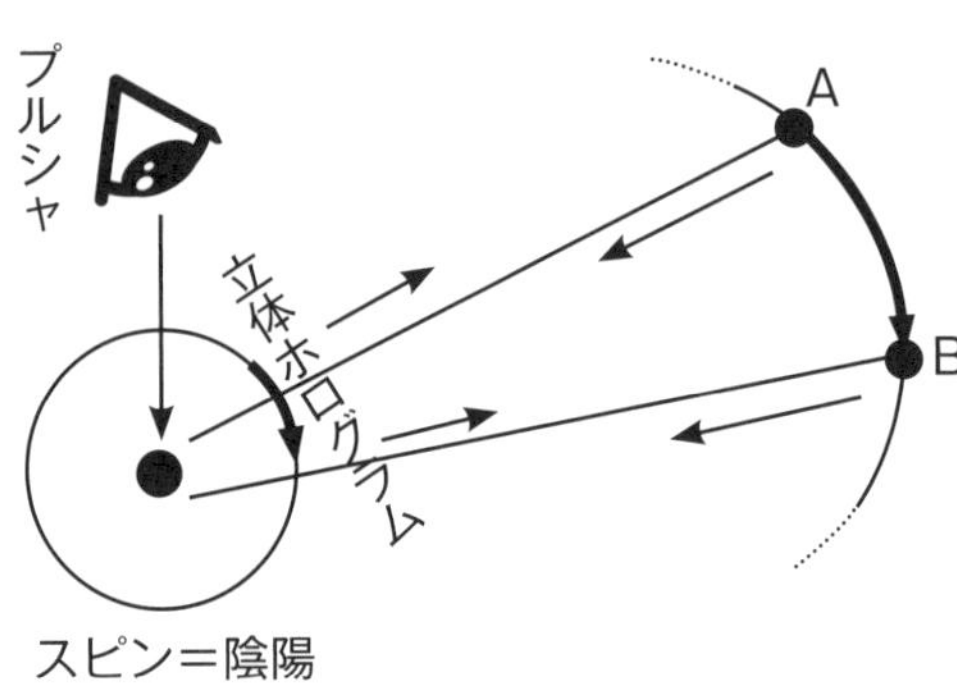

さて、それを今度は、ぐるっと回していただけますか？　そして、３６０度回転させるとどこに戻りますか？　なんと０度地点ですよね？　これはいったいどういうことでしょうか？

そう、３６０度回転すると、元に戻る。すなわち陰陽分裂の前に戻る、すなわち二極の前の一極に戻るということです。したがって、**回転とは、分裂と統合を起こす周期的に連続して起こす行為なのです。**

さて、視点を変えて、中心点または中心軸から見てみましょう？

中心にはプルシャの意志があります。存在したいという。もともとは非在でしたから。たまには存在しようかなあ？という感じで点を生みました。地球は重力のせいで線になりますね。宇宙的には点ですが、点の面積と容積は大きいですか？

ゼロですよね？　ということはゼロが回転して３６０度を見回すだけで、周辺である円には無限の点の連続が生まれましたね？　これはいったい何を意味しているのでしょうか？

そう、**ゼロが、無限を創り出すシステムなのです**。回転＝スピンが空間を創り出すのです。実は、時間も同様です。ゼロ時間は、回転循環によって無限ループ時間に変じます。そしてさらに、回転は興味深いことを生み出します。

ホログラム幻想のメカニズム

中心点から出た1本のベクトルの先が到達した点をAとし、それが少しだけ円状に移動したとしましょう。すると、Aに対してB点ができました。次にA点とB点からそれぞれ、画像を中心点に送ります。A、B2点から送った画像は、地球でもよく知られているホログラム画像を中心点に結びます。立体の画像です。A、B点にいると思っているあなたの意識が中心点を顧みると、そこには立体化した世界が見え始め、そこが3次元と思ってしまうのです。言い換えれば、二つの目が1点に注目すると視点のズレがあるため、そこに距離感が生まれ、奥行きが生まれ、立体化するのです。

現実の人間の体験は、厳密に瞬間で完結しているため、視覚的には平面なのです。写真を撮ると平面に仕上がるのと同じ。しかし、2点から画像データを1点に集めることで、立体というイリュージョンを生み出すのです。**これらは、位置の分離という陰陽、またそれにより起きる回転が生み出したのです。**

存在の作者は誰?

まとめてみましょう!あなたであるプルシャは、どうやって存在になりますか?まず意図を持つことで、架空の「点」を創ります。そしてそれを「回転」させます。すると、「存在」が生まれるのです。その回転=スピンの回転数や角度などから周波数が生まれます。それがその存在特有の周波数なのです。ではその周波数は、誰が決めるのでしょうか?

そのスピンをしている回転体である存在ですか?そう見えるから、例えば、あなたがあなたの周波数を決めていると思うのです。しかし、もうお分かりですよね?**すべてはプルシャが決めています。プルシャがあなたという観念を浮かべ、存在という点を創り出し、そ**

れを回転させると存在になる。その存在の周波数が随時変わるが、それを決定しているのは、プルシャなのです。その存在、例えばあなたは、それを自分がしていると思ってしまうのです。地球では。しかし、あなたはプルシャの方なのです。

球の中の球の中の球の……

全宇宙は回転だけで出来ています。存在自体が回転体だから。大きな回転の中に小さな回転があり、その中により小さな回転があります。宇宙とは、回転の中の回転の中の回転。ジャイロコンパスみたいなものですね。

さて、福岡市博多のある能力者が、チャネリングで腸内細菌に聞きました。

「あんたって、毎日いったい何やってんの？（あんた、そこで、なんしようとー？）」

すると彼（？）は答えました。

「なんかね、もっと大きなもののために働いてるんだ〜！」

「それっていったい何？」

「知らな〜い！」

“全体のために私は生きる〜♪”

（プルシャ＝私）

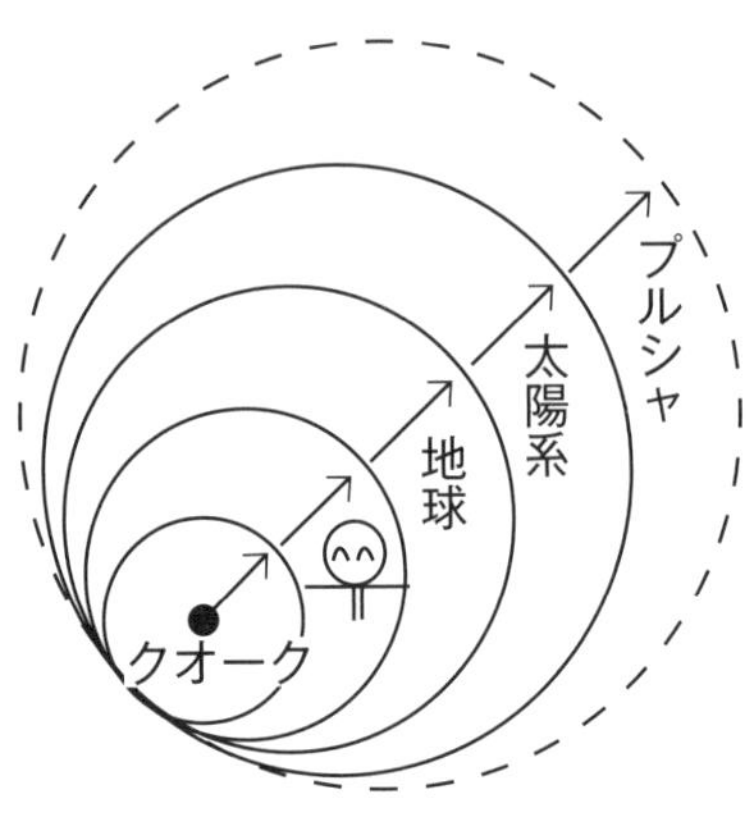

それって、何なんでしょうね？　そう、人体、またはあなたのことなのです。白血球に聞いても同じかもしれません。では聞きますが、人間はいったい何のために生きているのでしょうか？ちょっと難しいのでまず、ネズミに聞いてみましょう？　彼らは大量発生すると、一部が崖に走って落下し大量に死にます。何故か？

ネズミ全体の存続のために死ぬのです。ヒューマニズムを超えたネズミズムです。そして、その現象がアポトーシス（自己死）です。アカウミガメもそうですが、皆より大きな共同体、存在体、生命体のために働いています。ということは、人間は？

そう、地球のためなのです。無意識ですが。では地球は何のために働いていますか？

太陽系のためです。では、太陽系は？

天の川銀河のためです。では銀河は？

セントラルサンを中心とした、大宇宙全体のためです。では宇宙は？

プルシャですよね？

さて、ここのポイントは何でしょうか？

宇宙の何を受容するの？

そう、すべては、より大きな存在のために働いている。言い換えれば、小さなスピン＝存在はより大きなスピン＝存在のため。それはもっと大きなスピン＝存在のために生きている。そこには「献身性」があります。では、ちゃんとそうしていなかったら？

不幸になる。宇宙法則に反すれば苦しみを感じるように宇宙は出来ています。だから、より大きなもののために働いていると、幸せなのです。存在というものは。より大きなもののために働くって、何のことでしょうか？

はい。「受容」のことです。より大きな秩序のために、起きているすべてを受容すること

です。すると、献身的になります。今目の前に起きている現象は、より大きな秩序が作っています。私たちの知能が理解できるかできないか？　に関わらず、より大きな視点からは、必ずベストなことが起きているのです。このより大きな秩序を認めることは何と呼ばれるでしょうか？

そう、「受容」なのです。これを完全に可能にするスーパーレディー（スーパーマンでもＯＫ）の特質は？

「女性性」といいます。女性性の解放とは、より大きなものに、最高に大きなものに、自らをオープンする、明け渡し、解放する、自由にするということ。その結果は？

そう、大いなる宇宙のすべてが流れ込んでくるのです。宇宙の偉大な秩序が顕現します。そして、エクスタシー自体にあなたがなるのです。宇宙の本質がエクスタシーだからです。

女性性の確立法は？

地球ではＳＥＸと呼ばれる行為にヒントがあります。雌雄（めすおす）、すなわち陰陽のモデルである人間男女が統合する行為。きっと素晴らしいことでしょう。ところが、どうもそんな評判ばかりじゃないですよね？　多くの家庭や恋愛でもうまくいっていないようです。そんな生活習慣を失ったカップルも多いですよね？　どうしてでしょうか？

そんな行為はいけない、いやらしい、罪深い、という刷り込みがあるからです。それを世界の支配者らが捏造したという説がありますが、それはさておき、この地球ではおおむね否定されています。ですが、この分野には誰でも興味がありますから、アダルトビデオなどにしまい込んで、ツタヤの奥の方で隠れて借りたり、ひそかにネットで視聴しています。でも何故、ＳＥＸがヒントなのでしょうか？

もともと一極だったプルシャが二極に分かれ宇宙体験を楽しむために陰陽そして雌雄を創り出しましたが、その二極が再度統合した時に、大きなエクスタシーを感じるようになっています。男女の統合はその最も直接的な体験なので、宇宙を垣間見るにはまたとないチャンス。

ところが、陰陽分離が行き過ぎてしまった地球では、男女間に愛が乏しく、満たされない結果、欲情の満足がＳＥＸの目的となったため、外見上同じ行為はしていますが、中身が違っています。

すなわち、大元への統合による永遠のエクスタシーに向かうのではなく、愛の欠乏を埋める代替欲望の一時的満足になっているのです。本来は、**ＳＥＸから、宇宙の本質を感じ取り、**

エクスタシーの
エクスタシーへの帰還

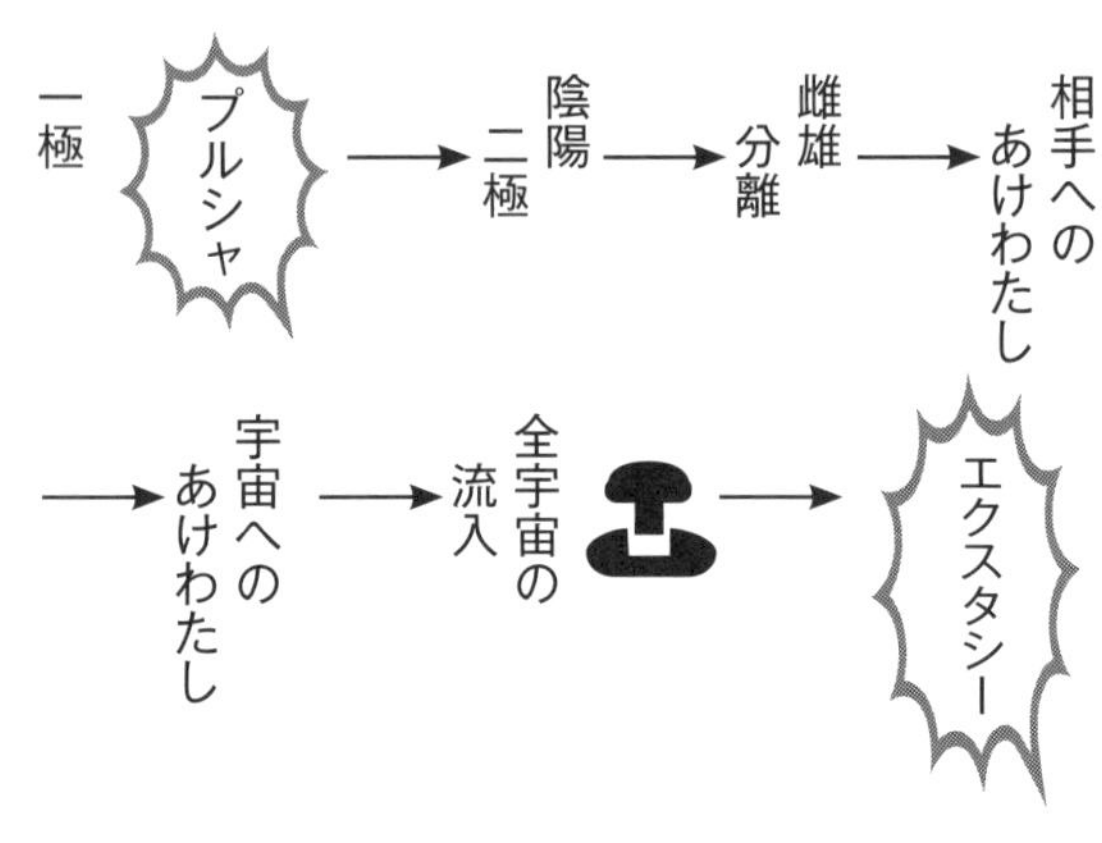

そこに向かう習慣を持てる絶好のチャンスなのに、罪悪感、支配欲、所有欲の入り混じった感覚的満足に堕したのです。では、どうしたら軌道修正できるのでしょうか？

エクスタシーの全面的受容

全面的な受容です。

パートナーへの信頼と宇宙への信頼。宇宙とエクスタシーを全体的に受容するのです。そのために男性は、女性に完全受容してもらえるほどの安全性と包容力をもち、女性の受容性を自分の受容性のごとくに感じられるよう、完全な一体感に身を任せます。両者とも、自分も相手も意識することがない、無極の一体感に向かって心と全身を開くのです。最高のエクスタシーを求めて、性から精、そして聖へと。

この体験が、日常にも影響を及ぼし始めます。全てを受容する習慣は、すべてに行き渡ります。春風のたおやかさや暖かさ、ペットの可愛さ、花の可憐（かれん）さ、友達の温かさ、そしてお茶の美味しさ。それらが充分に深く味わえて来ます。

すなわち、**受容することは味わうことなのです。逆に言えば、存分に受容できていない人は、人生のすべての面で味わいが浅いのです。**

芸術家になりましょう！　かつて夏目漱石が表現したように、芸術家とは、味わう人なのです。人生と世界を充分に味わうために、我々は今地球にいます。そのためには、完全なる受容が必要なのです。

そのために、ＳＥＸを否定してはなりません。もちろん、ＳＥＸがなくても大丈夫です。目の前の対象物との一体化、が実はＳＥＸなのですから。松尾芭蕉の言うように、松のことは松に倣え、と松になってみたり、夕暮れの信じられないほど美しい太陽と一体化するほど充分に楽しむ、赤子の笑顔を見て１００％幸せになる、等チャンスはいくらでもあるのです。

さて、真に受容している時の特徴とは何でしょうか？

「私」が無い、ということです。「私」を感じながら、存分に味わったり楽しむことは不可能です。やってみてください。２１８ページの図でまとめてみましょう！　プルシャから始まった性的宇宙の統合システムです。

第10章

神聖45度と楽天的な楽点

神秘の角度45度

私の大好きなダンサーは、45度を大切にします。また、出雲大社などの神社の屋根や千木（ちぎ）の角度も45度。崇高な建物は45度勾配の屋根を持っています。日本の伝統家屋では、45度上に鴨居、45度下には敷居があります。敷居の下には昔、亡くなった子供を埋めたので、敷居を踏むと怒られたりしました。鴨居には、祖先の写真をはじめ、尊い物を配置しますが、抱っこされた赤ん坊が愛し１００％信頼を寄せる母親を見上げる角度も45度。宇宙から叡智を入手する角度も45度です。45度っていったい何でしょうか？

この3次元が宇宙にできた時、存在の基本はテトラヒドロン（正四面体）でした。一角形や二角形はあり得ませんが、三角形もありません。三角定規は見たぞ！という方。よく見ると六角形ですよね？　厚みがあるから。ということは、厚みがない三角形は認識できず、認識できない物を存在として扱うには無理があります。したがって**存在とは、三角形にもう一点加えた正四面体なのです。この形が集合または分割してすべてができたのです。**

さて、正四面体は2種類描けます。上がとがっている物と下がとがっている物。どちらが本物ですか？

オクタヒドロンと45°

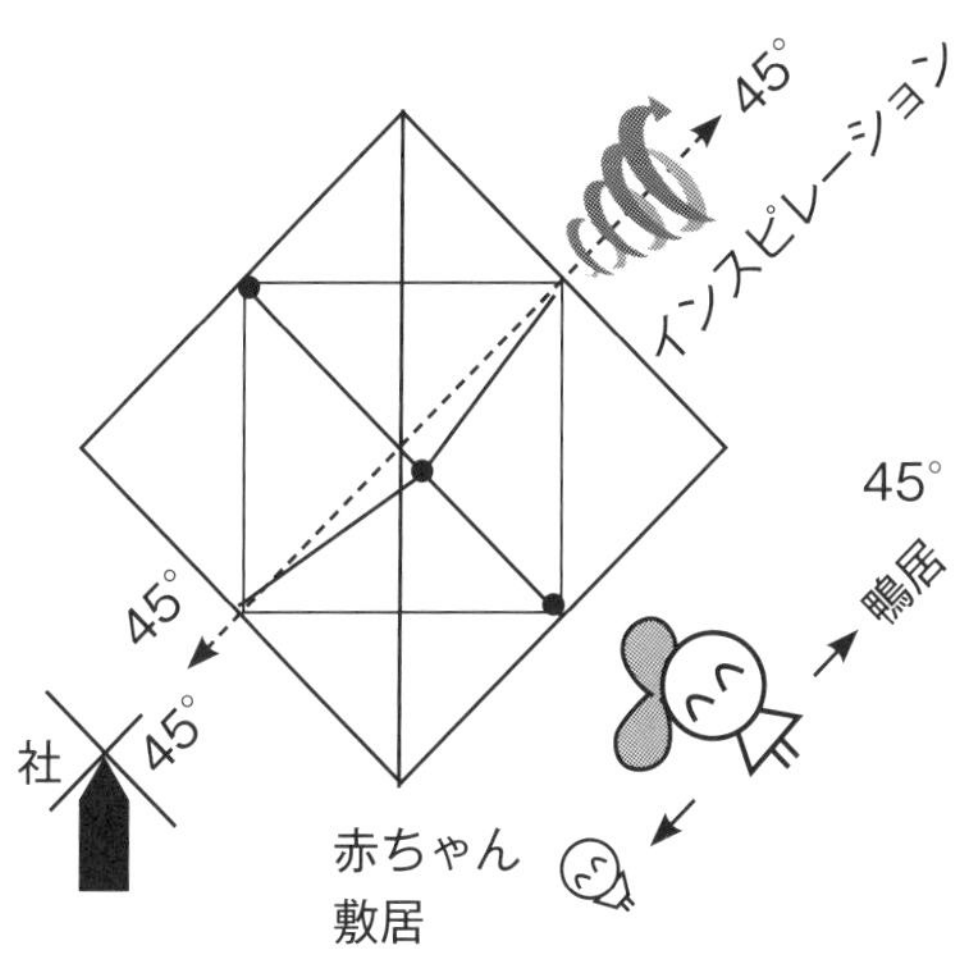

選べませんよね？　したがって、この二つは重なって1セットなのです。俗に言うマカバ。星形正八面体。吉田統合研究所ではこの形をフラクタル分解（内部への相似形分裂）させて結果がどうなるか？　分析しました。

プルシャが最初に形をとった正四面体の各辺の中点を見てください？　その点同士を繋げてゆくと、真ん中に正八面体が現れます。**外側の8つの正四面体をヤマタノオロチ。真ん中の正八面体をクサナギノツルギまたはフトマニと言います。古事記はトポロジー（図形数学）だったのです。**

実は宇宙とは、神聖幾何学、トポロジー、数学によって出来ています。

オクタヒドロンが生み出す驚異！

アトランティス以前から使われて来たオクタヒドロン（正八面体）を使い、吉田統合研究所では、縄文神聖水、オクトミラクル、モットパワフル、フラクタルピラミッドなどを開発しました。ピラミッドは、本来ピラミッド型ではなく、その下にある逆さ富士とのペアで正八面体が本体。富士山、ボリビア、ギザのピラミッドも皆同じ構造をもった同じ目的を共有する形です。それらに共振共鳴して宇宙エネルギーを吸収し増幅する目的で開発されました。

ところで、オクタヒドロンの変形がマカバ（星形正八面体）です。マカバをフラクタル分解したらどうなったでしょうか？

全体が、完全なる立方体になったのです！　驚きますね？　**もともとプルシャの基本形である正四面体を上下に重ね合わせ、内部分裂をして正八面体を無数に創り出していくと、究極的に立方体が生じてしまうのです。**

そう、プルシャが正四面体の姿を宇宙に現した途端、立方体になることは避けられません。

そして、立方体こそが、この3次元で生きるために不可欠な形なのです。

実は、マカバ＝星形正八面体は人間の形。アンドロメダで人間を認識すると、マカバにな

マカバから八角形と45°の出現

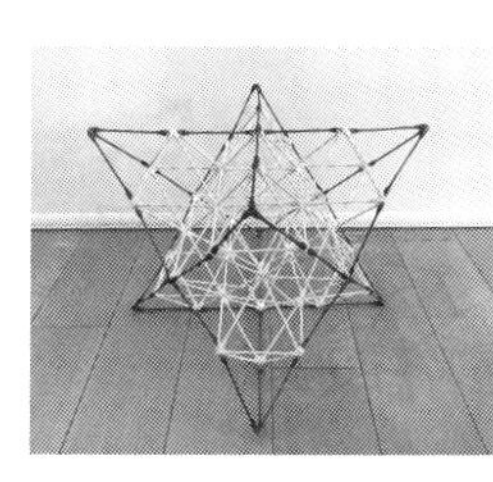

六角形

八角形

るという情報があります。するとどうなるでしょうか？

プルシャが現象化した最初の形態であるマカバ、すなわちあなた自身が内部分裂という陰陽の多様化をなし続けてゆくと、立方体、すなわち物質世界の堅固な構造をとってしまう。すなわち、物質次元を創っているのは、人間存在かもしれないのです。

マカバは45度傾いている

さて、45度に戻りましょう！

プルシャであるあなたが、この宇宙に出現した時には二つの正四面体でした。その二つが上下から合体するとき、その重なった部分が最初は六面体。ところが真ん中で完全に重なってマカバを作る時だけ、正八面体になります。クサナギノツルギ＝フトマニに。すると呼吸の動きは？　とがった頂点からトーラスを生み出す呼吸が生じるために、はじめは上下の呼吸だった元の状態から45度ズレるのです。正八面体の頂点が45度向きだから。90度ではなく、0度でもなく、45度がエネルギーの流れる方向になったのです。

その結果、天や高次元を求める方向は45度上であり、そこには鴨居もあります。一方、その反対側には下方45度に、愛が下りていく方向が生まれます。赤ちゃんの顔や敷居に当たるのです。

注目すべきは、二つの三角形が中央で完全に重なってマカバにならないとこのエネルギー、トーラスの呼吸が生じないということ。逆に言えば、**45度角に意識を放射するとマカバが重なり、トーラス呼吸が生まれる**ということ。トーラスはフリーエネルギーを創るベースなので、45度こそが無限の扉を開くということなのです。

アメノウズメのように！

エネルギーが、川の流れのように、アメノウズメのように行きたいですね！

女性性は、男性にさえ、今最も必要な要素。この女性性を発揮する一つのヒントをご紹介しましょう！

女性性は、円か球の形をとるのでしたよね？　中心軸に向いた。ではそれを逆算すると、そのエネルギー源は中心軸、または点でした。実は本当のあなたは点にいます。その点は、プルシャであるあなた、創造主のあなたが、存在したいと意図したために生まれました。ですから、あなたの元はプルシャであり、この顕現宇宙、地球でも点が出発点。その点は、どこにあるのでしょうか？

体でいえば、丹田の少し上です。そこにあなたの本体がいて、そこから360度ぐるりを見まわすと、球が現れます。武道の達人は、自分が球になることが強さの秘密といいます。

かつて450戦無敗だったバーリトゥード（ノールール）格闘家のヒクソン・グレイシー。私は、彼の日本での試合をすべて見ました。立って戦っているうちはいいんですが、横になって寝たとたん、あっ！という間に相手の首を絞めて、はいオシマイ！観客もそれが分かっていますから、寝技に入ったとたん、あーあ！というため息が漏れたものです。そのヒクソンが言いました。自分が球になることで、どんな攻撃にも回転しながら対処できる。

「**人生とは、球のようなものだ。**」と。

どの方向からグイと押されても、真ん中の球がしっかりしていれば、くるっと回って、その力を逃がし、ダメージゼロで有利なポジションに移行できるのです。さて、球を創ったのは、中心の点でしたね?

その点が、丹田の上にあります。その点は、あなたですが、本をただせばプルシャがセットした存在の核です。**本来、プルシャ以外は、誰も現象を起こしておらず、行為に至っては、行為者がいませんから、この宇宙では何も起きていません。したがって、あなたが立っているとか生きているというのは幻想です。**というよりか、そう思っていると肩がこる、苦痛だ、疲れる、魅力がなくなる、早期に老(ふ)けるのです。あまり嬉しくありませんよね? ではどうしたらいいのでしょうか?

点にすべてを任せる

点に任せるのです!何を? すべてを。すべてって言ったって、どうしたら?

まず「あなた」が頑張って立つことを止めます。立っているのはあなたではないから。点があり、そこに体がぶら下がっているだけ。ぶら下がるというのは、その点が壁に打ち付けられた釘と思い、そこにエプロンがぶら下がっているとイメージしてください? そんな風

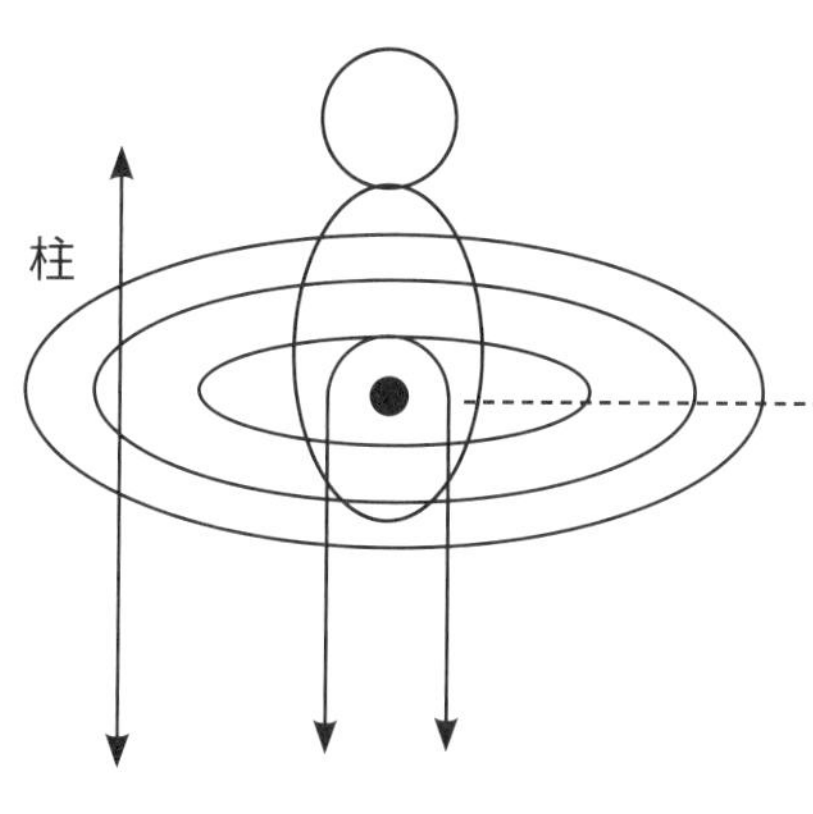

に点に全体重を預けるのです。でもこれじゃまっすぐにならなくて、軸が通らないのでは？

いいえ！地球には重力がありますから、放っておいても下に引っ張られます。そのままにしてください。これだけでも、猫背にはならず、前かがみにもなりません。そして、点が動くままに歩きましょう！では足はどうしますか？

前にアイスランドに行ったとき、巨大な滝の前の足元がすべてアイスバーンでした。強風でしかも足元はつるつる！写真を撮ろうとポーズしたら、強風で2m飛ばされました。アイスバーンで常時滑りまくり、その晩は大変な筋肉痛。さてこの場合、足が滑らないように踏ん張りましたが、足に関心を向けず、中心点に任せたらどうなるでしょうか？

あまり、滑らないのです。意外と平気で、どんどん歩けます。

また、ヨガで木のようなポーズをとると倒れる人がいますが、足で立つのを止め、中心点のみに意識を持ちます。点に支えてもらい、点にぶら下がりましょう。すると、倒れないのです。

中心点の責任にしちゃうのです。どっち道、自分がやってはいないのですから。この中心点が、どこに行くのか？　さえプルシャが決めており、あなたの仕事ではないのです。こういう生活を何というかご存じですか？

てんで楽な生活！

さて次に、さらに楽な生活はいかがですか？　どのくらい楽かといえば、全く楽過ぎて、楽だってことすら分からなくなる楽さ加減！

まず、すべてのあなたの行為は中心点から作られたものです。そして、中心点はプルシャの意図でしたね？　存在したいという。では、その意図を止めてみたら？　**中心点から意図の放射をいっさい止め、さらに点である、存在するという欲求も差し控えます。どうして？**

I amもやめて！

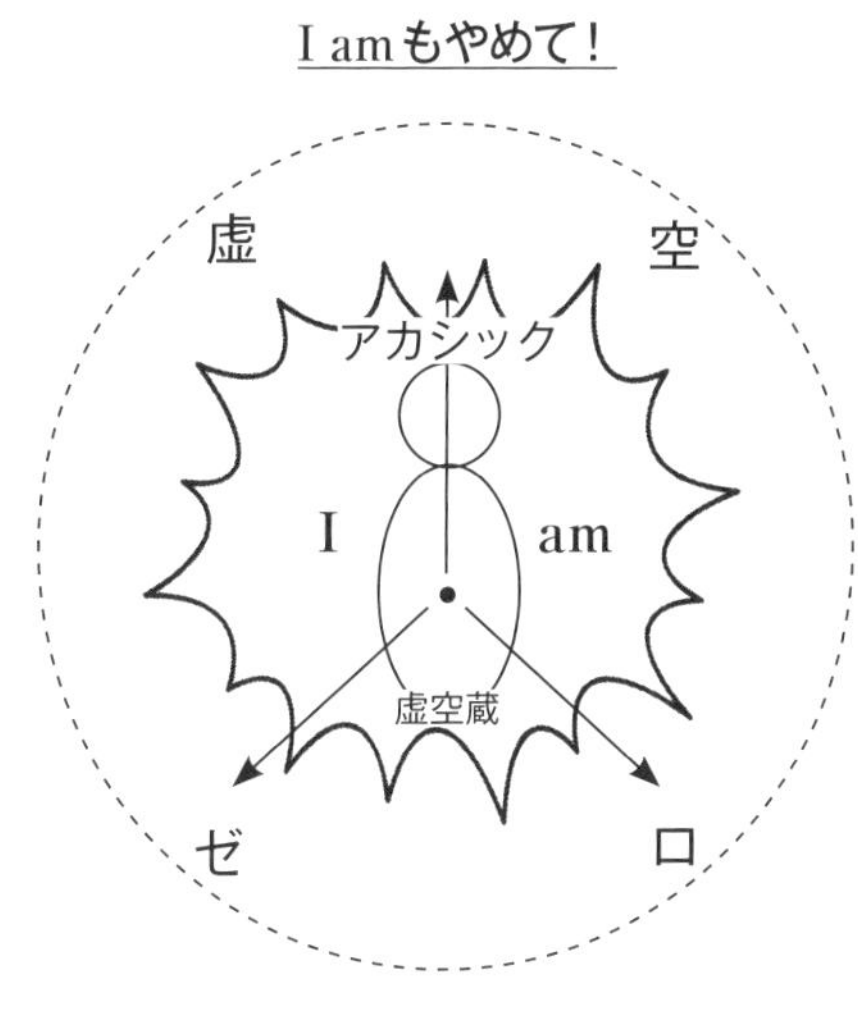

もともとプルシャは非在だから。存在ではなく。

するとどうなるでしょうか？

その点さえなくなります。意識としては、あなたの中心点の内側に行き、または点にフォーカスすることを解除し、すべてやめるのです。すると、あなたは、虚空の海に戻ります。プルシャそのものである虚空の海（ゼロ）に。これを習慣にしたらいかがでしょうか？　難しいですか？　あなたの元々の状態がそれです。しかも、毎瞬間100万回以上、その状態に舞い戻っているのです。もう毎回死ぬほどやっていることですから、できないとは言わせないのです。

「I am that I am.」

20世紀の聖者として有名なニサルガダッタ・マハラジが有名にしたフレーズです。「我は、ある者なり。」このI am さえ掴めればすべてが分かる、と言いました。ところが、亡くなる直前に、彼はこう言いかえたのです。

意識＝大いなるすべて（この本ではプルシャ）はI am を感じていない、と。多くの信者が動揺しました。さてこれはどういうことでしょうか？

プルシャは元々虚空の海です。宇宙を、持っていません。この段階で、意識はあるのでしょうか？　無いのです。宇宙というのは、対象物の集まりです。主体であるプルシャから見て、対象物を創り出すと、初めて意識が芽生えたのです。**二極分裂以前のプルシャ本体には、I am すなわち意識もないのです**。だから、何だというんでしょうか？

第11章

無限の軽さに回帰する！

うさ子！I am！　通さんぞ！

境域の守護神のトリック

悟りまぢかに、宇宙の果てまで行くと、境域の守護神が待っていて、こう言うそうです。

「ここを超えると、お前がいなくなるぞ！　それでも良いか？」

周囲では、獰猛で恐ろしい犬たちが、咆哮していいます。そこで皆さんは、

「間違えました！」

といって引き返してしまうそうです。悟ったら、今まで精進してきた自分が高次元に行くのだ、くらいにタカをくっていた人が、自分がいなくなることにビビるわけですね。もし、あなただったら、どうでしょうか？

ここでいう、お前がいなくなる、のお前とはどうい

う感覚なのでしょうか？

「私」という、**実際はありもしない変性自我、思いこみ**のことです。地球近辺では大変ポピュラーなアトラクションのキャラクター。本人はI amを感じて、自分が存在すると思いこんでいます。これがもしいなくなったら、拙いんでしょうか？　もし「私」がいなくなったら、どうなりますか？

I amが残りますよね？　このI amという感覚は、「私」の感覚ではなく、プルシャオリジナルなのです。プルシャがあなたに入っている場合、あなたはI amを感じ、プルシャがアオガエルに入っている時には、アオガエルはI amと感じます。しかし実際は、あなたやアオガエルがそう感じているのではありません。**中に入っているというか、それら二者の実質であるプルシャだけがI amを感じるのです**。だから、境域の守護神に、お前がいなくなるぞ！と脅かされて、いなくなったとして困るのは、あなたやアオガエルの「私」だけで、I amは決して消えないのです。良かったですね？　めでたしめでたし。え！これで解決なんですか？ではもし、I amまで消えるとしたら？

存在プルシャは、存在すると思わない

はい。プルシャに戻るとI am までが消えるのです。なぜなら、対象物が消えたら、意識は存続できないから。あなたやアオガエルや宇宙が消えてしまっても意識があると思わないでください。え！それはちゃうやん？　宇宙が消えたって、エーテル体や高次元の宇宙は残るし！とか言っても無駄です。高次元だろうが低次元だろうが、皆「対象物」なのです。プルシャから見たらただのイリュージョン（幻想）です。それらが全部なくなるのですから、意識は去るのみ、老兵は去るのみ。さて、何が言いたいのでしょうか？

宇宙が無くなって、意識が無くなって、I am さえなくなっても大丈夫だということです。虚空の海に戻って100万%リラックスしても、問題は起きないのです。どうぞ遠慮なく、消滅してください。

消滅―誕生のループ

しかし拙くないですか？　一回宇宙を消滅させて悟っちゃったら、空になって、何も分からなくなって、いったい何が面白いのですか？　仏教も虚無主義じゃないか？　と勘ぐってきましたが、空なんていやだなあ！綺麗なお姉ちゃんらと遊んでた方が良いなあ！とあなたは言うでしょう？（知りませんが）この問題はどうしましょうか？

宇宙の性質上、プルシャの性質上、観念は永遠に出現して、新しい宇宙を創り出す。対象物を創り出す。対象物や宇宙は、プルシャが浮かべた観念のみによって出来るのでしたね？対象それは、永遠にやむことが無いのです。宇宙のお楽しみは終わりません。だから、何の問題も無しです。安心して消滅してください。境域の守護神さんに宜しくお伝えください？

「お前は、いなくなるぞ！」って言われたら、

「どうぞ～♥お願いしま～す！ワインも用意しといてください⁉　また会う日まで！」

と。

境域の守護神も、「1億年ぶりにやっと分かったな！」とか微笑（ほほえ）んで、つまみとか用意してくれるでしょう。

軸で宇宙とレゾナンス

中心点をしっかりと持つ、軸をシャンと立てるには畳生活、日本家屋、華道、茶道、舞踊、剣道、弓道、等々「道」と名の付くすべての芸道が役立ちます。この中心点、軸は、宇宙の中心とレゾナンス（共振共鳴）します。すると、スパイラル状のエネルギーの渦が自由に飛翔を始めます。この渦はアメノウズメとも言われてきましたが、あなたや宇宙が調和している時には、おのずと躍動しているものです。

このような体習慣がつくと、大宇宙との一体化が図られ、気持ちよさとエクスタシーの人生が日常となるでしょう。**宇宙との一体化がエクスタシーなのであって、SEXや感覚的な巷（ちまた）の幸せがエクスタシーなのではありません**。エクスタシーを感じられない人間だけが、その代替物でまがい物である性欲、物欲、権勢欲などの「欲望」を持つのです。だから実際は、「欲望」があるということは、ウォント（欠乏感）を継続していることで、欲の追求は、愛の反対側ですから、ずーっ！と幸せにはならない運命になります。「欲望」の達成なしで、自己実現なしで幸せなんてあるのか？　と聞く方がいますが、何と答えたらよいですか？

エクスタシーほど
幸せじゃない幸福

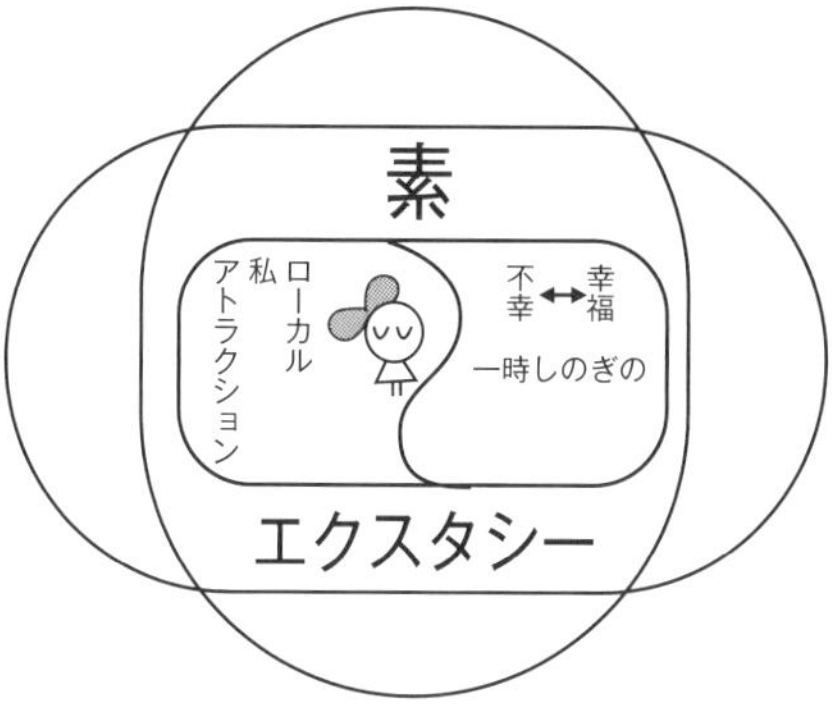

素
ローカル
私
アトラクション
不幸↔幸福
一時しのぎの
エクスタシー

プルシャは幸福なんですか？

幸福は、不幸とセット販売です。

欲望達成などで得られる幸福感は、単なる幸福感で3日と持ちません。幸福か？　幸福でないか？　を判断基準にしている人は、一生幸福にはなれません。感情は勝手に起きてきます。それに翻弄されているうちは、本当の幸福は無いのです。プルシャの元々がエクスタシーなのです。宇宙との一体感、本当の自己であるプルシャとの共振共鳴こそがエクスタシーそのものです。幸福感とエクスタシーは全く異なり、比較にならないものです。

エクスタシーは頑張って取りに行けるものではありません。もともとの「素」の状態、あなたの当たり前の状態、「私」というイリュージョンに騙されなく

♥放置人生！

「私」→ムダなガンバリ→肩こりと不幸
プルシャしかやっていない

→これも それも 放置

➡×「週間報知」　○「習慣放置」
➡「人生放置」

なった「素」の状態が、エクスタシーなのです。プルシャには、幸福感などというチンケな選択肢はなく、自然なる状態、エクスタシーにいつも憩っているのです。そして、プルシャであるあなたが、それを感じていない方が変なのです。

パラレル移動に役立つタガの外し方は？

プルシャが外したくなる時は勝手に外れますから、心配いらないのですが、あなたが今そう聞いてきたとすると、今がその時なのかもしれませんね？　じゃ、例を挙げてみましょう。

すべてを、そのままで良しとする。なぜなら、すべてプルシャが体験したいことしか起きないから。

問題が起きた時、問題ではないことが99％なので、放置する。

自分の不安な感情に対処せず消そうとしないで結果を見る。実験なのでちゃんとやること。繰り返します。放置を習慣とし（習慣放置）、やがて人生自体を放置する（人生放置）！

楽しい体験だけを選んで、いったい何か問題が起きるのか？　実験する。

わざと、嫌なことを思い出し、意図的に不幸になってみて、そのまま放置する実験をする。頻繁にこれをやって、どうなるか？　を見る。

魔法の杖をこの本からダウンロード（心の中でしたと思えば、杖を持ったパラレルに行っている）して使う。ハリー・ポッターの持つ最強のニワトコの杖を上まわる、このニワトリの杖は、何でも3歩歩けば叶えられ、しかも無条件に叶うので、無条件だったらいったい何を叶えたいのか？　一日3回は考えて妄想にふける。妄想は、実はパラレル移動の一種。

やってはいけないと思っていたことを全てやってみる。

人が話している時、口を差し挟んではいけないと思っていた人は、即座に突っ込みを入れてみる。

アセンションは楽しいですか？

楽しい人は、ぜひ推進されると良いと思います。そうでない方は、気にすることはありません。

アセンションとは、ディセンションの反対で、上に上がる、次元上昇すること。意識が拡大することを意味し、一般的に、社会全体、人類全体でアセンションするという観念が多いようです。しかし実は、一人一人違います。この宇宙は、自分が持った観念しか体験できません。すると、本当の現実は見えないということでしたっけ？

いいえ！宇宙自体が観念なのです。プルシャは今でも虚空の海ですから、たまたま彼が観念を浮かべた時だけ、宇宙、あなた、クオークないしケロヨンになり、その体験をします。したがって、あなたオリジナルのユニークな宇宙体験をしているのであり、他の人とは100%違います。ですから、世界中が破壊されてもあなただけ安寧でいることも可能。一方、世界中アセンションしているのに、あなただけブー垂れていることも可能なのです。どうぞ、ご自由に！

アセンションが重要か？　という質問には、二つの答えがあります。

1．アセンションという変革の時期を楽しむために来たと思っているあなたは、計画通りにその変化、進化のプロセスを楽しむことができる。意図して、頑張って進化するぞーっ！という旧パターンではあるが、その観念が抜けないまま、そのマトリックスの中でのmaxを楽しむことができる！

2．プルシャであるあなたは、アバターが頑張ってアセンションに努力するという観念を客観的に見る。アセンションはプルシャが決めた通りに起こり、アバター（架空の「私」）がどうこうできるわけではない。「私」はそもそもいないし。**アセンションとは、今プルシャとして迷いなく生きることだ、と知っているだけ。**

どちらを選びますか？　どちらを選んでも楽しめます。アセンションできる人はプルシャが決め、できない人もプルシャが決めますが、問題ありません。なぜ？


できない場合は、アセンションできないという観念を利用し、

「アセンションできないって本当に面白いですよね～！」

と楽しむだけだから。プルシャはあなただから、違う時はアセンションできる人に入って、

「あれ！アセンションできた？　寝てるうちに、知らんかったけど。まあいいや！」

等となります。宜しくお願いします。

ただ、以下のアイデアは使えます。

アセンションでは超越的な経験ができる、と信じて今すでに超越してしまう、ということ。世界が全く神界のように、進化した星のようになる。全てが新鮮で調和に満ち、自由自在で、豊かさに溢れかえっている、と決めると、実際その通りになります。

今です。瞬間アセンションですね。それを選択すれば瞬間にそのパラレルに飛ぶのです。過去を思い出すのも、パラレル移動。未来を思い出すのも、パラレル移動。ただ、理性が「まっさか～！ただの妄想だし～。」とか言うので、「まっさか～！」のパラレルに戻っちゃうのです。パラレルは瞬間ごとに移動しますから。アセンションは未来のどこかに現れるのではなく、今の一瞬で可能です。個人的には、もう勝手にやっちゃってください？　え！そんな楽なことで良いんですか？

そう！とっても楽なんです。

自由意志って誰の？

頑張るって、本当に楽しいですよね？

しかし、疲れました、という方も多いですね？　最近。日本もドイツも一番頑張っていたら戦争で負けた、といった方がいます。頑張ると損するのでしょうか？　確かに頑張った結果大学に受かった体験がある友人は、頑張るという観念が好きでした。しかし、そもそも頑張っているのは誰でしょうか？

間違いなく「私」です。架空の。全てはプルシャがやっているのだったら、「私」は頑張りようがないでしょう？　そもそもいないし……

さて、**今まで楽しくなかった理由は何でしたっけ？**

「私」を感じていたからです。凄く楽しんでいる子供たちや恋人たちの特徴は？

「私」を感じないこと。ということは、人生を酷くしているのは？

「私」です。このことが腑に落ちてください？　そしてすべてプルシャがオートマチックにやっている。間違うことなく、と知ったらどうなるのか？　特にあなたの自由意志は？

まず、あなた＝「私」の自由意志は意味がなくなります。今これを、いやだな～！と思った方はいましたか？「私」がいないから、「私」の自由意志という観念自体に意味がないのです。**ではいったい、誰の自由意志なのでしょうか？**

プルシャのです。宇宙のです。宇宙は最初から自由自在に好きなことしかやっていないと

知っていましたか？　宇宙が、プルシャが。そして、間違いがあるのでしょうか？　ぜんぜんないのです。何も間違うことなく、自由に起きて来る衝動というか自然の生起、未知なる生起に好奇心いっぱい躍動して遊びまくって、大笑いしているのです。または静寂の中で。それが宇宙です。それがプルシャです。では、自由意志って何でしょうか？

本当の自由意志って何？

そう、宇宙そのままの状態、ありのままの状態、毎瞬に起きているその自然の状態、勝手に湧き起こる自由自在な表現のすべてのすべてが、自由意志なのです。再び誰の？　プルシャの、宇宙のです。では、それが全然分からなかった私たちは、何をやっていたのでしょうか？（なんしようとー？）

「私」遊びをやっていたので、忙しくて忘れてしまったのです。大した問題ではありません。**「私」遊びでは、すべてが思ったように行かなく、すべての良きことを悪くとってしまい、一つも問題がない宇宙に、問題山積イリュージョンをバベルの塔のごとく築き上げ、夢の中で出会った男に娘を嫁がせようとして、決して体験できない未来のために「今」を完全**

に犠牲にし、M男的にマスクをつけて部屋にこもり続けたのです。それで忙しすぎて、宇宙が自由自在であることを忘れていただけなのです。ではどうしたらいいんでしょうか？

簡単です。

「『私』って本当に面白かったね！これからも苦しんでM男になりたい時は、いつでも『私』ってボタンを押せば戻れるから、やめとこうね！」

といって、すべてをプルシャに任せます。すると、後はプルシャがやってくれるのです……じゃないんですよ！元々、プルシャしかやっていないんですってば！怒りますよ。すなわち、宇宙って最初から自由意志しか無いんです。あなたのではなくてプルシャの。宇宙の。

自由意志が、自由意志をやっている！

今までもずーっとそう。これからもずーっとそう。じゃ、今まで私たち地球人だけが、それを知らずに苦しみ続けたわけ？

違います！自由意志の自由意志によって、「私で苦しむ地球ローカルアトラクション！」を選んだからなのです。それこそが、自由意志による自由意志のための自由意志なのでした。

エクスタシーの ×波のり ○波のみ サーフィン

×

生起する 波

“コッチが私！”

なーんにも間違いがないんですよね！そういうわけで、もう閉店間近ですが（マジか？:)）、存分に苦しんで（楽しんで）ください！

自由を感じたことがない！という友人がいます。

一方、こういう友人もいます。

「小学校低学年の頃、遊んでいる時、何でもできる、何でも可能、できないことは何もない。すべて自由自在！」と感じたと。もともとプルシャなのですから、そう思うのがナチュラルですが、長年の苦労で忘れちゃうんですね。しかし、**その「自在感」こそがまともなのです。それ以外は、外れている、間違っている、気がおかしい！のです。不自由観念は捏造ですから、洗脳から抜けてください！**

エクスタシーの波乗りサーフィン

　こうなってくると、**宇宙や出来事は、エクスタシーの波乗りサーフィン以外の何物でもありません。起きてくる波の性質は「未知なる生起」。次に何が起きるか、プルシャの楽しみのため、新鮮に楽しむため、決して先が分からないよう「未知なる生起」になっています。その波に乗っていれば、エクスタシー自体がエクスタシー自体を楽しむようになるのです。**

　では、その波に乗るコツは？　と聞くのですか？

　ありません。

　なぜなら、そのコツを行使する「私」がいないからです。そして、あなたはその波自身だからなのです。あなた自体が、とうとうと流れる「無為にしてなす」、自由自在な、何物もさえぎることのできない「未知なる生起」の波なのです。波に乗る人はいません。

第12章

ゼロポイントで無限なあなた

あなたは「永遠の今」

今しかないと分かったら、空っぽになります。何故でしょうか？

今の中にいると、何かが無くなるからです。何でしょうか？

心配不安もそうですが、「時間」と「空間」と「私」です。今がいつなのか？　ここがどこなのか？　自分が誰なのか？　一切分からなくなります。困りますよね？　じゃなくて、凄いですよね！

この状態なら、どこにでも飛べるからです。プルシャの状態に近い、いつでもない、どこでも無い、誰でもない、とんでもない！けど、飛んでいる。どうして今にいられるんでしたっけ？

今にしかいられません。今以外にいることはできません。では良いじゃないですか？　いるんだから。ところが、今にいないと思っているんですよね、みんな。過去を思い出したり、未来に不安を持ったり、今にいない。しかし、今にいるのです。今のエネルギーを使った選択が、何と「過去のこと」や「未来のこと」という観念だから。実は、今にいたまま、今にいないを体験しているのです。そう、今体験しているそれが「今」なのです。過去と思っている今、未来と思っている今……と思って今にいてくれませんか？

今にしかいたくない理由は？

過去にいたと思っていたあなたは、ただの記憶でしたね？　それは何が選ぶのですか？　今の周波数でしたね？　ということは、その時のあなたはただのデータですから、実際のあなたはその過去をやっていない、ということですよね？

はい。やっていません。では、あなたがやっていなかったことが、あなたに今影響するのですか？　それはおかしいでしょう？　その過去の変な親爺がカカアに離縁されたからって、今のあなたがロシアのアナスタージアと結婚するのを妨げるのですか？　その変な親爺は、あなたなのですか？

記憶に決して騙されてはなりません！あなたはそれをやっていないのです。今選んだ記憶によって、やっていたと思いこんだだけです。他人なのです。この件は、過去生というテーマでは元々有名でした。

今がチョイスする過去と過去生

霊能者に見てもらったら、自分の過去生は卑弥呼だった。それは、彼氏にプロポーズされた翌日だった。ところが、彼の気持ちが変わり、ウクライナのナターシャの方が好きになったので、その17歳の娘と結婚するよ、50歳年上のあなたとではなく、といってきました。腹立ちますよね！この時点で霊能者があなたの過去生を見たらば？

そう、お岩さんだったというかもしれないのです（注：実際のお岩さんは良い人でした。念のため）。さて、この話の結論は？

あなたは、卑弥呼もお岩さんもやっていないのです。それは他人です。アカシックレコードの中のデータに過ぎません。実際に時間は存在しないので、過去生という観念自体がおかしいのですが、ただの周波数共鳴（レゾナンス）によって取り出した、その時限りの過去の記憶、データ（過去生）だったのです。

さて、それと全く同じことが、この人生の（他の人生も本当はないが）過去のメモリーにも言えるのです。それをやったのは他人なのです。あなたはやっていません。ということは、その結果は今に影響しないのでしょうか？

はい、まったく。影響されるという観念を浮かべた時のみ、それは影響したかのように見えるだけです。さて、結論は？

今がチョイスする未来と未来生

1秒過去のことすら、あなたには影響しない。関係がない。では、1秒未来は？

もちろん、同じ理屈ですから、影響しません。今のあなたと、将来のあなたは周波数が異なりますなります。というより、周波数が異なるので異なる時間に登場するのです。周波数の違いこそが、別人でしたね？　別人28号という。だから、**今のあなたのあり方は、将来その結果を刈り取る人に反映すると仮定しても、刈り取る人はあなたではないのです**。誰が刈り取るのですか？

その瞬間に、プルシャが体験したい人なのです。プルシャの観念によって決まりますが、もちろん今のあなたではありません。では、結論は？

今のあなたは将来に影響しない。影響するのは、今のあなたが今に、だけです。であれば、将来のために何かをやるということ自体に意味はなく、今と将来に紐は繋がっておらず、将来のために今頑張るのはナンセンスですよね？　例えば、将来のために今心配する、という とってもポピュラーな行為ですが、何なんですかね？

心配してもしなくても、何の違いもないのです。将来の体験は、今のあなたとは何の関係もなく生じるから。さて、これら、過去と未来のナンセンス情報から、どんな生き方が推薦できますか？

そうです。今しかない。1秒前も影響ゼロ。1秒後も影響ゼロ。ならば、**今以外を考えること自体がナンセンス！考えても何一つのメリットも無し。将来を考えて不安になるのもバカ。過去の落ち度（幻想だが）を思い出して（今アカシックから拾って）今落ち込むのも、変態。過去と未来を考えること自体が、変質者。**

このことが腑に落ちてください。すると、今以外に生息する生物はいなくなります。すると、今はいつ？　そこはどこ？　あなたは誰？

やってみれば分かります。全部分からないのです。何故でしょうか？

元々、そんなものは宇宙のどこにもないからです。プルシャである虚空の海には、いつもどこも誰もないからです。それが正しくて自然な状態です。この何物にも縛られない状態を何と呼ぶでしょうか？

宇宙は今 宇宙は点

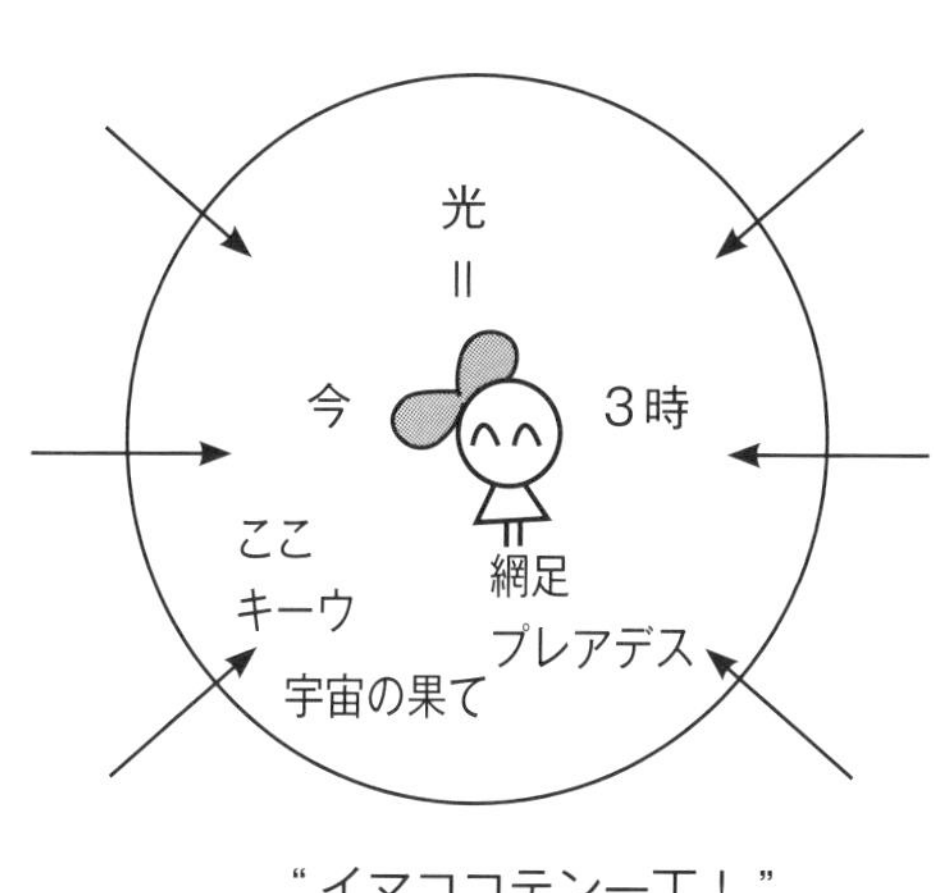

“イマココテン一丁！”

そう！自由です。ここからは、どんなパラレルにも簡単に飛べるのです。

遠慮なく、この状態、何も分からない状態に戻ってください。今がいつか？　そこがどこか？　自分が誰か？　分からなくなっていればＯＫです！自由が自然なのです。

光の上で時間は止まっている！

自由である根拠をもう一つ。

道を探求してきた多くの人は耳にしました。自分たちは本来光だと。もし、本当に光ならどうなるでしょうか？

アインシュタインの相対性理論では、光速に近づくにつれ、時間が遅く進み、光速になると時間が完全に止まってしまう。光を見ている人からではなく、飛んでいる光にとって、です。

あなたは光であり、光の上にあなたがいると思ってください。今が3時。3時のあなた。光速のまま100km先に行ったら、何時に着きますか？

3時です。時間が進まないからです。では、そのままウクライナのキーウに着いたら？

3時です。では、プレアデスに着いたら？

3時でしょ。で、宇宙の果てには？

だからよ〜（沖縄弁）！3時だよ。ということは、いつまでたっても3時。時間は、一瞬もたちませんよね？　そうです。**あなたの真の姿は、時間を経験しないのです。というより、今でもしていません。**錯覚により、時間があると騙されました。しかし、存在するのは、永遠の今、全く動かない今だけである。あなたこそが「今」なのです。

すべての場所と空間は点の中

次に、空間や位置はどうなりますか？

もうお分かりかもしれませんが、全く動かない今、この例では3時に、すべての場所がやって来ることになりませんか？

あなたが東京、博多、ワシントン、キーウ、アンドロメダ、宇宙の果て、とどこに行った時でも、時間は3時でしたから。すなわち時間が全く動いていませんね？　ということは、この永遠の3時（実は何時でもない、今）にすべての場所や位置が存在することになりませんか？　直線コースで前の方だけとは限りません。90度右へ行っても左に行っても真後ろに向かっても、360度のすべての場所が、今の今に集まるのではないでしょうか？

すなわち、あなたがいる場所、点に、普遍的にすべての場所や位置がある、すべてを含み持っているということですよね？　これを言い換えたら、あなたはどこにいる義務もなく、どこにでもいて、どこにもいないのです。

まとめましょう！

あなたは、常に全く動かない永遠の今にいつもいる。だから、今がいつなのか？　は分からないし、いつという必要もなく、それは全く意味を持たない。

あなたがどこにいるか？　と言えば、どこにいるとも言えない、どこにでもいるし、どこにもいない。では、そんなあなたは誰なのですか？

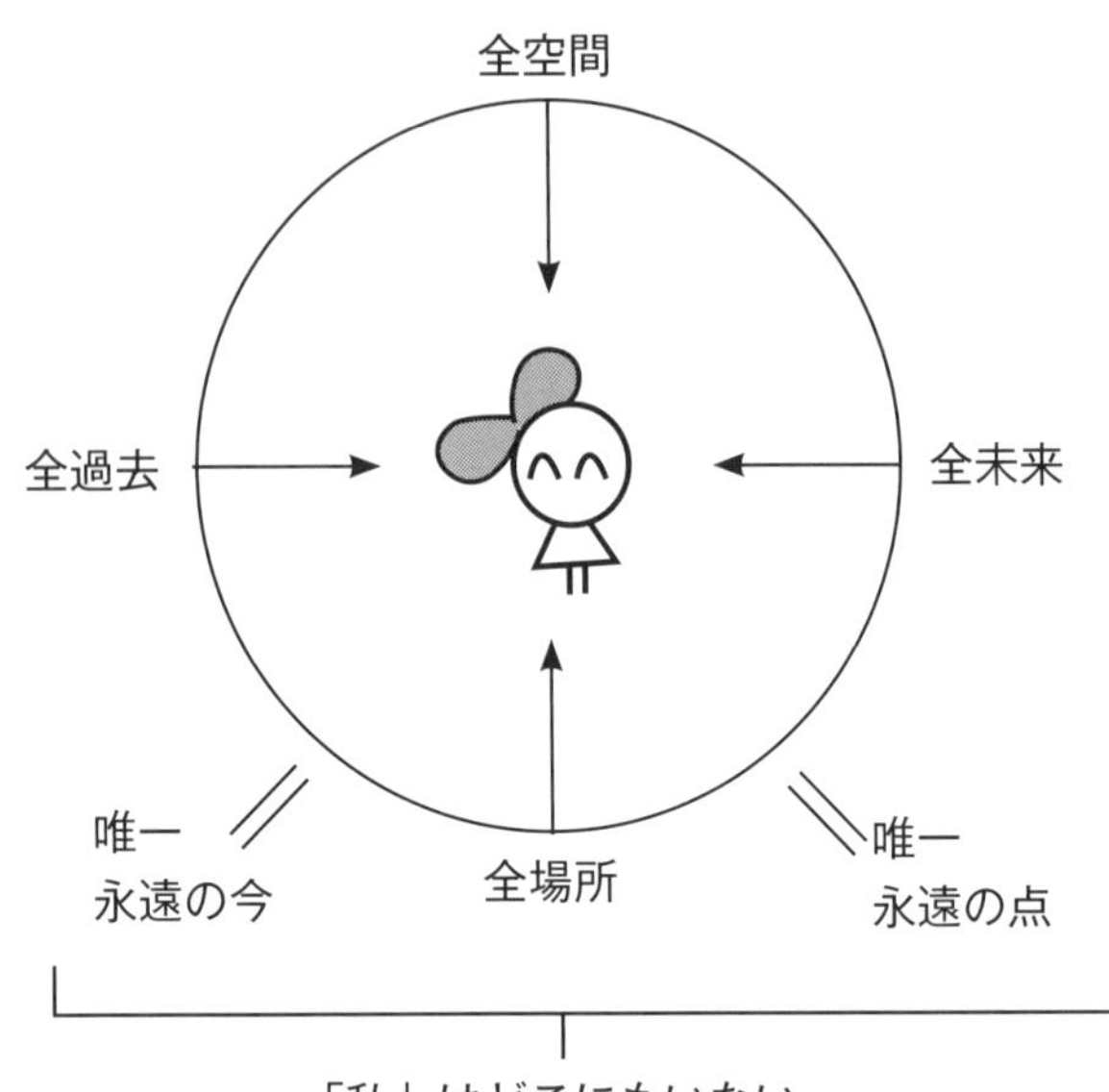

今の中では誰もいない

誰でもないのです。何故ですか？

この今にしかいない、ここにしかいない状態の時、あなたや「私」を感じることができますか？ 感じてみてください？ 「私」という思考が、観念が湧きますか？ 五感だけを見てください？ 今にいるとき、五感のすべてが解放されて、生き生きとすべてが感じられます。さて、「私」はいますか？ これは、今だけに生きている典型である幼児の砂遊びに類似しています。最高に幸せに遊んでおり、喜びの極致にいるとき、人は自分が誰であるか分かるでしょうか？

全く、分からないのです。また、エクスタシーの中で抱擁している男女にも経験があるはずです。その時、自分や相手を意識することは不可能なのです。至福の時、人は今にいる。今にいるときは幸せであり、苦しむことはできない。それは、自分がいないからです。

今の中にいる人に、全くその可能性はありません。あなたがいるというガセネタに付き合わされてきた前半生に、お疲れ様！と言いましょう。

あなたの5感に触れないものは、この宇宙に存在していません。ところが、今に生きる人にとって、「私」を感じることはできないのです。他人が何と言おうが、関係ありません。

「いやー！おめえはいるにきまってっぺな〜！昨日も、酔いつぶれて、おらが負ぶって帰ってやったんじゃねーけー？」

と言っているのは、あなたの観念が創り出した友達なのです。親切ではありますが。しかしその友達ですら、自分が存在しているという実感は失われるのです。その人が「今」にいる時は。さて、結論は何でしょうか？

あなたは、「永遠の今」なのです。永遠の今という世界を生きる存在ではありません。あなたが「今」なのです。「今」の中にすべての事象が行き来するホログラム宇宙を創って遊

んでいるのです。この認識への帰還がナチュラルです。すなわち……

「どこでもない、いつでもない、誰でもない、とんでもない。」

とんでもない！のです。どこにも、飛んでない。不動の宇宙の中心なのです。誰が？　あなたが。プルシャが。あなたの中にプルシャがいるのでしょうか？

いいえ、あなたがプルシャなのです。あなたという観念が間違っています。さて、言いたいのは？

これが、とてつもなく自由だ！ということが分かりますか？　**時空と自分から自由になったら、プルシャそのものしか残りません。そしてプルシャは、自由そのものなのです。**

ゼロのエキスパート日本人

日本はゼロにフォーカスする文化です。

いと高きもの、天に素直です。禅も日本で深まりましたが、ゼロに真っ向から向かう姿勢が見られます。日本の桜はなぜ美しいのでしょうか？

そう、やがて散るからです。いつまでも枝にしがみつかないからです。一時の命を愛(め)でるのが日本の心ですね。四季の変化によって、各季節がその時だけのかけがえの無いものとして味わえるのです。では、以下の和歌の趣旨は何でしょうか？

見渡せば
花も紅葉もなかりけり
浦の苫屋（とまや）の秋の夕暮れ

何もない海沿いの荒れた小屋。見渡す限り何もないことが、かえって満開の花の時を想起させるかもしれません。しかし、その花もやがて散り去って何もなくなる。このゼロから華やぎ、そしてゼロへという命の循環自体に美を見いだす。それが、日本の詫（わ）び寂（さ）びなのです。華美なものを避けますから、日本のお釈迦様の像などは、だいたい渋くてスリランカ人から見ると、何か怒っているみたい、と言われたりします。しかし日本人から見ると、他国のお釈迦様はきらびやかすぎて、深みや精神性に乏しいのです。**外面の華やかさではなく、内に秘めた見えない周波数を見ようとする日本人の特質が現れています。**一方、歌舞伎や能の衣装などには、極めて華麗な色彩があるのですから、宗教芸術のもつあの渋さには、見えない世界、ゼロの中に本質を求める日本人の本性が現れているのです。

日本人は献身的。女性性が高いのです。それは、もともと大いなる気高いものを受け入れる度量があるからです。転変地変があっても、受け入れて吸収してしまいます。ゼロになじんでいるのですね。インド人が理論的にゼロを求めるのに対し、日本人は直感的にも情緒的にもゼロを知っています。そして、2回の大事件をも乗り越えてきました。明治維新と太平洋戦争です。その結果、前とは全く異なる世界観を打ち立ててきました。**ゼロから創り直せるのです。ゼロになるのは、受容によって可能です。そして、ゼロになってみると、その中には無限の輝きと華やぎが現れるのです。宇宙が勝手に送り込んでくる、目くるめくおとぎの国が展開されるでしょう！**

第13章

闇から光の全ループを飛翔する！

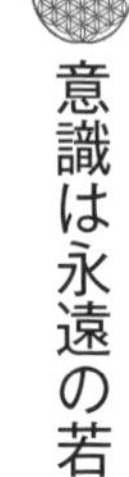

意識は永遠の若さ

あなたは今何歳ですか？

その答えには意味がありません。あなたが生まれた時の意識と、今のあなたの意識は違うものでしょうか？　いったいどこが違うのでしょうか？

違いがありません。観念、思い込みはあっても、意識自体には何の違いもないのです。ただ、鏡を覗いて、シワがずいぶん増えたなあ！足腰が痛くなって、もう年だなあ！と思っているだけです。肉体が自分だという刷り込みが無ければ、中にいる意識自体は何も変わっていません。生まれた時と、全く同じなのです。**要は、肉体と「私」にごまかされないこと。それはあなたではありません。**

意識があなただと思い出してください。すると、意識が歩くのですから、足取りも軽く、スキップを踏むかもしれませんね？

私がスクールを経営していた時、一番可愛かったのは小学2年生でした。45分の授業の間、机の下から見える彼らの足は動きながら、全く止まらないのです！何故でしょうか？

機嫌がいいからです。彼らはまだ、大人ほど「私」が確立されていません。意識で生きている時間が多いのです。ですから、90歳になった今からでも遅くありません。意識だけならいつも機嫌がいいのですから、子供のようにスキップして、自由奔放にお過ごしください？

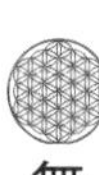無限の軽さであるために

これもいらない。それもいらない。**徹底して軽くなって自由になり、パラレルも自由自在に飛ぶためには、いい加減ではいけません。**以下も思い切って手放しませんか？

1. 責任（役職、家族の、親族の）
2. 自分が悪かった（間違い、失敗）
3. 相手が間違っている
4. 信念、ポリシー
5. 暗い、嫉妬深い、怒れる自分
6. 人の期待に応える

7. いい仕事をする（体がきつくても）

8. 心地よくないことをする（ちょっとでも）

9. 自己実現をしなければ

10. 夢を叶えねば。

11. 自分のこけんに関わる

一言で言えば、自分が良い気分、快適なフィーリングでいることよりも大切なことがあると思っていることが問題なのです。**あなたのフィーリングが、周波数を決め、その周波数が全てを決めるのですから。完全に軽くなってください！**

この本は、何となくいい人になって、前よりもマシになるための本ではありません。完全自由のために、誤解を恐れず述べています。

自分は本来プルシャであること。「私」ではないので、囚われやすい右記のものは全く必要ありません。たった一つの重圧、プレッシャーも無く、全くの安寧、至福に「素」のままでいてください。今は、その時期なのです。今までの世界からキッパリ足を洗いましょう！

例えば、いい結果を出すために無理をして心身ともに苦痛を感じながら、仕事だからしょうがない！とあきらめて生きることを厳禁します。**心が軽快で爽快にならないものは、一切**

邪だ！として断ち切ってください。あなたの気分が良い、軽い、明るい、囚われが無い、そして再び、ライトでリフレッシュ！この方針に合わないものは、一つも残してはなりません！

闇から光が美しい！宇宙の奇跡　地球

アンドロメダから地球へ。

そんな記憶を持ったアルクメーネという女性が本を出しました。アンドロメダ銀河は、我々が住む天の川銀河と比べて、次元が高く、神々以上の存在が住しています。彼女は、プラズマ状の体をしていたそうで、誰かと出会うとすぐに一体化して溶けてしまったそうです。その星では、すべての人とSEXしているかのような一体感がありました。ですから、地球に来た時は本当にビビったそうです。挨拶しても、エネルギー的にパキーン！と反発され、「私はあんたじゃありましぇーん！」という物質世界の抵抗を感じました。しかし、彼女の話で一番驚いたことは？

まだアンドロメダにいたとき、闇に翻弄され、戦いに満ち、ドロドロした地球のあり方を見た時、彼女にはとてつもなく美しい愛の表現に見えたそうで、恋してしまったのです。そんな闇と光の葛藤、闘争に明けくれる姿が、美しい光に見えたのです。でも、地球から帰ってきた存在は言いました。

「あんな、とんでもない世界に行くもんじゃないよ‼」

しかし、地球に恋してしまった彼女は、聞く耳を持たず、アンドロメダという光の世界から闇の地球に降りてきてしまいました。その結果はどうなったでしょうか？　見ると聞くとでは大違い！魂がズタズタに引き裂かれるような体験が、何百年にもわたって続いたそうです。今回の人生だけでも、大変な家庭環境やｌｏｖｅ問題で、よく生きていたな？　と思うほどの凄まじさでした。さて、いったいこの話のどこが感動的なのでしょうか？

アンドロメダのような高次元存在から見て、地球のような低次元の闇そのものに見える世界の生きざまが、美しい愛そのものだったということです。何故でしょうか？　**愛は、ありとあらゆる形を取り得る。一見、闇にしか見えない闘争の世界ですら、美しい愛の表現である。この宇宙に愛の表現でないものは何もないのです。**アンドロメダやアルクトゥールスでは想像もできないような、ユニークでスペシャルな愛の表現。でも地球人から見たら、最も

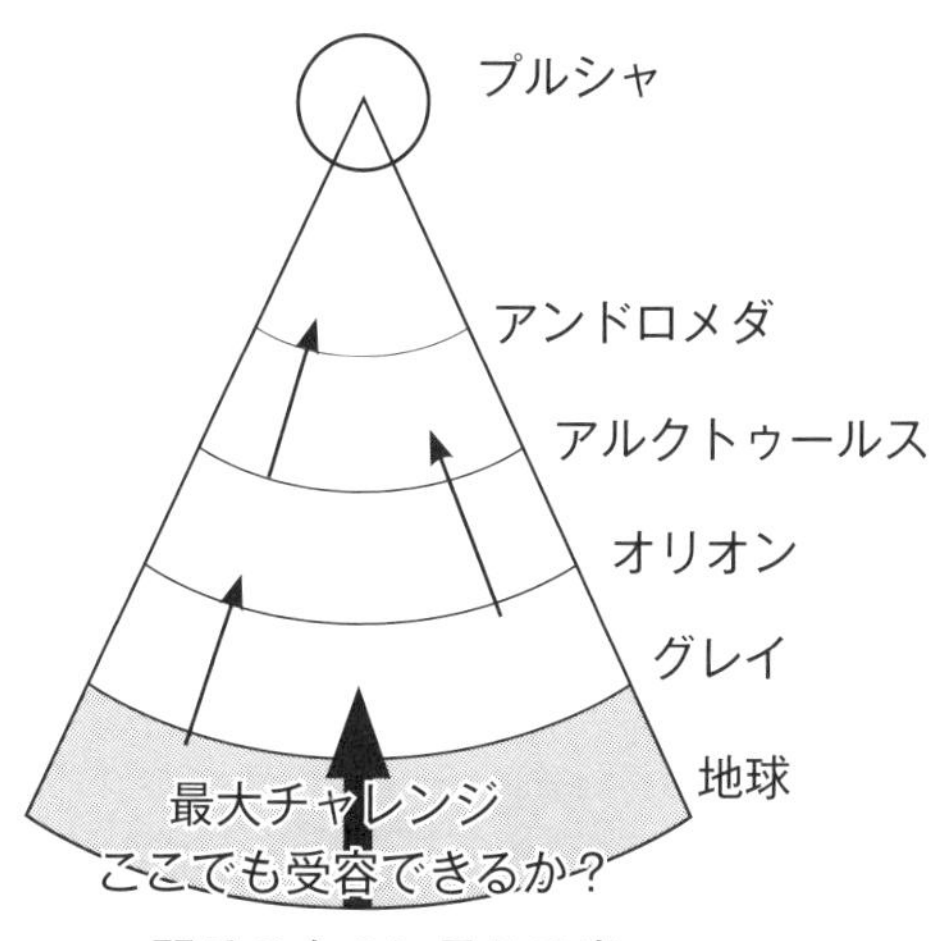

悲惨で堪えられないような体験が、外宇宙から見ると、超特別で魅力的な世界だったのです！

これは重要なインフォメーションではないですか？　我々が、これだけは避けたいと思っている体験さえ、宇宙的に俯瞰してみたならば、紛れもない愛の表現なのです。だから、彼女は地球に恋したのです。では、どうしたらいいのでしょうか？

地球大冒険プロジェクトあなた

そう、どんな状況に陥ろうとも、それは愛を体験している、と理解することです。愛をやがて理解するためなのか？　と思うとつらくなるかもしれませんよね？　理解するまでは。しかし、宇宙には上下や優劣がありません。デジタル思考ではないのです。したがって、理解するまではダメな自分なのか？　といえば、そうではありません。そのプロセスにも意味がある。ではなく、そのプロセスにしか意味はない。結果では無く、体験自体がしたかった、という外はないのです。プルシャが。毎瞬の体験が宇宙目的のすべてなのです。そこを抜けた後に愛になるのではなく、それを体験している一瞬一瞬が愛なのだということです。これが分かるとどうなるでしょうか？

今、地上で起きているすべてに意味があり、あなたが体験しているすべてが貴重であり、悲観し、自己処罰をしている今、そしてそれを超越しようともがいている今、そしてそれを達成した今、のすべてが超特別素晴らしいということです！

大変な事業に参画しているのです、今あなたは。宇宙の危険地帯、ミルキーウェイ（天の川）銀河でも札付きの地球、宇宙人の植民地でもあった地球、この宇宙の最終処分場を、逆に最終統合場（究極パラダイス）にしてしまおう！とするプルシャの大冒険ランドが、地球なのです。

そのために、光と闇のせめぎあった大変な世界をも「受容」するのです。まあ、悪く見えたのは「私」のフィルターを通した偏見ではありますが、**その高度な受容を行った存在は宇**

宙には稀です。なぜなら、地球ほど大変な環境には下りて来ていないのですから。その最先端フロンティアのそのまた主役があなたなのです！覚悟してください。そして、毎日遊んでください。

消滅バケーション存在プルシャ

吉田統合研究所イベントの常連である朋美ちゃんは、愛した誠ちゃんが17年前に亡くなって、今でも悲しいと言っていました。そこで朋美ちゃんに聞きました。「誠ちゃんは今どうしている？」。彼女は私の話をいつも聞いているので、「プルシャに戻った。」と答えました。「ところであなたは本来誰だっけ？」「プルシャです。」「ということは、誠ちゃんも今プルシャだから、今やプルシャである朋美ちゃんに戻ったということかな？」「あ！そうですよね。」「だから、亡くなる前よりか、親しく感じる人もいるんだよね！動物の場合もそうだけど。じゃあ聞くけど、100年前、朋美ちゃんと誠ちゃんは誰だった？」「プルシャが観念（朋美と誠）をもつ前だから、プルシャですね。」「じゃ、100年後の朋美ちゃんと誠ちゃんは？」「朋美や誠という観念をプルシャがやめた後だから、プルシャになってますよね。」

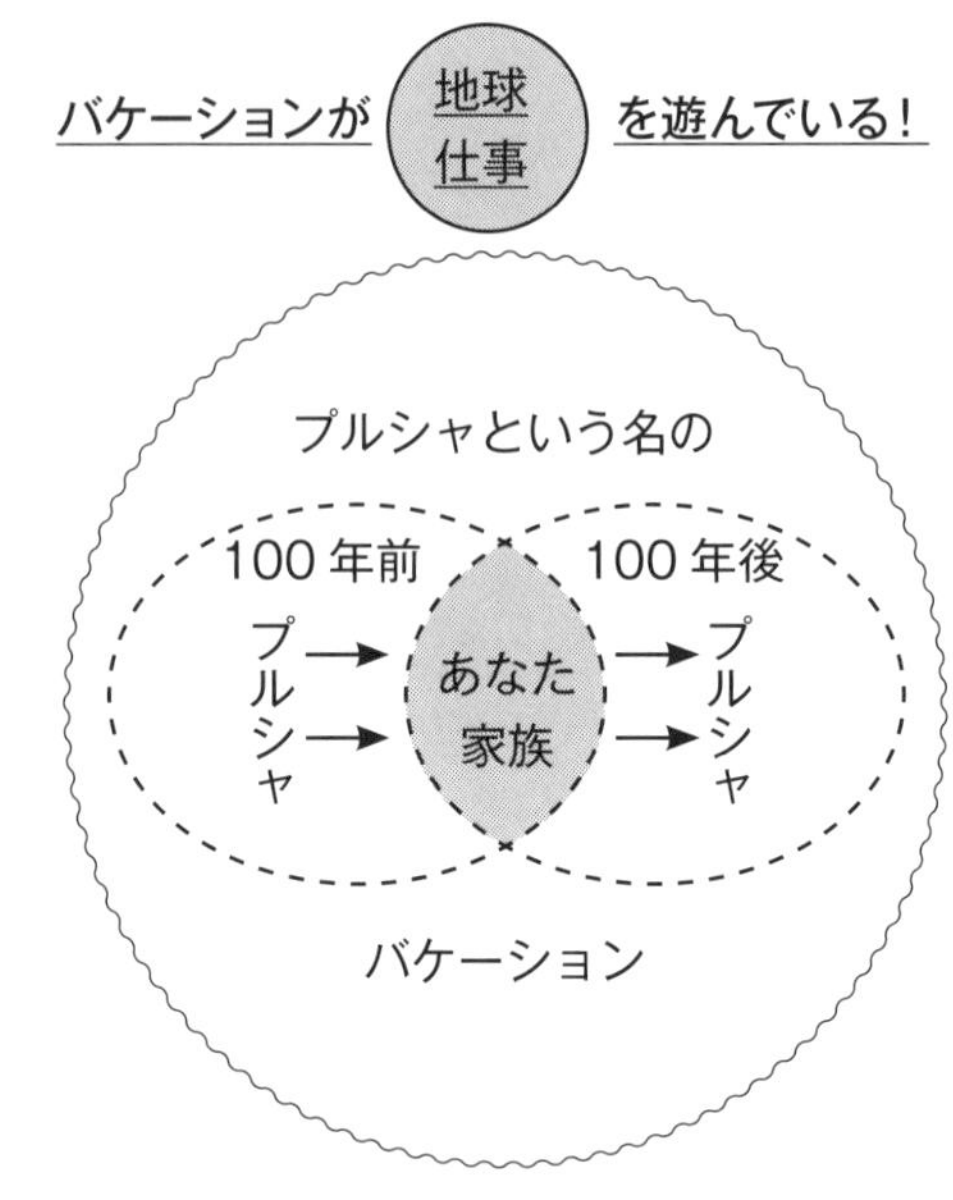

ということは、どういうことですか？
100年前は二人ともプルシャ。100年後も、二人ともプルシャ。ではこの若干100年にも満たない短期間だけ、朋美と誠がいたと思ったのですね？ プルシャが、ほんの気の迷いで、朋美と誠という観念を抱いたがために、その観念を体験していたのでした。だから、何が言いたいのでしょう？
そう、あなたは無限宇宙の無限時間の大半において、プルシャなのです。まあ、観念を体験している時でさえ、プルシャなのですが。だから、プルシャでない時の方が、特殊なのです。地球人的に言えば、死んじゃった後の方がメインなのです。大半の時間は、観念をオン（ｏｎ）させていないので、休んだまま、究極のリラックスのまま、宇宙バケーションの真っただ中なのです。では、生きるとは？

プルシャが、好奇心から一つの観念にフォーカスすることで、あたかも「私」が存在するというイリュージョンを描き、中に入ってその体験を遊園地のように遊ぶ。しかも、その体験は毎瞬間変わる。体験しているのは、「私」などの個人ではありませんから、「体験」が体験しているのです。体験だけが生じており、「体験者」はいません。そして、もういいや！と思うと、いつでも瞬時にプルシャに戻って、バケーションに突入。これだけです。あなたの大半は、バケーションですから、遠慮なく消滅してください。誰もお引き止めいたしません。これが、究極の自由です。そして、消滅してさえ、また自由自在に観念が湧き起こり、新たにプルシャの大冒険が始まるのです。オートマチックに！「未知なる生起」として！

達人と呼ばれる人は、「自分」がいないので、選択の手間なく、毎瞬の未知なる生起、未知なる体験、未知なる宇宙と隙間なく完全に一体です。それはとてつも無い自由であり今や、自由が自由なのです。パラレルワールドは、パラレルワールドが勝手に飛びます。あなたであるプルシャが決めた通り、自由自在なる御伽の国に飛ぶのです。その時、**自由意志が自由意志を生きていたことがハッキリと分かるでしょう！宇宙自体が、自由意志だったのです。**

最初から終わりまで……

吉田一敏×ジョウスター対談

宇宙エネルギーを取り入れる地球の遺跡

ジョウスター

富士山内部にある火山灰に覆われたピラミッドなど、日本の「癒しの地」には貴重な水晶が存在します。水晶や鉱物とのシンクロが、これからの鍵になるかもしれません。

吉田一敏（以下　吉田）

元々日本は世界で最も波動が高く、同時に、山を加工したピラミッドに宇宙のエネルギーを降ろす技術も存在しました。そして、山地にある鉱物をバッテリーにして、それを磐座（いわくら）等で増幅させ、エネルギーを各地に拡散していたのです。

ジョウスター

おそらく、昔の神社やお寺では、ピラミッドと逆ピラミッドを合わせた菱形が空間にあり、それを地上に写してグリッドラインにすることが、フリーエネルギーを境内に行き渡らせていたのですか？

吉田

はい。宇宙の神聖幾何学が地上に写っています。富士山やギザのピラミッドの形状は、本質がオクタヒドロン（正八面体）です。オクタヒドロンこそが、聖杯と呼ばれて来た全てを生み出す宇宙の子宮。これがこれから世界中の山やピラミッドと共振し始め、世界を急速に変えるでしょう。実を言うと、人間一人一人がオクタヒドロンを内部に持っており、それを駆使するあなたの比喩が、天照大御神なのです。

一人一人が天照大御神ですが、本当の天照大御神は、なんとこの本を読む「あなただけ」。あなたの隣人とは、自分が作った観念、ホログラムに過ぎません。自分が観察していない時の他人は、存在すらしていません。まずプルシャが、あなたという観念（視点）を採用し、次にあなたを通して相手という観念を採用し、「存在」がはじまります。そもそも、宇宙自体が観念なので、いつでも消滅させることが可能です。宇宙を消滅させると完全自由になるのですが、大半の人は虚空を恐れながら、多くの観念を浮かべます。

ジョウスター

古来より、ＤＳ（ディープステート）など闇の勢力はピラミッドを隠すため、意図的に富士山を火山化したという説もあります。ギザのピラミッドが建つ地域も、昔は水に浸っており、上部が崩れているのは津波を被ったからかもしれません。

吉田

ギザのピラミッドは、水を媒介にして発電機・蓄電機として使われていた可能性があります。島根県出雲市の荒神谷遺跡からは、日本全体のそれまでの出土数を超える銅剣が出土しました。先日私が訪れたところ、３５８本の銅剣は、宝物だったら有り得ないことに、無造作な蛇腹状に放置されていました。発電機・蓄電器として使われていたらしく、周囲の田んぼや水路を利用した一大システムだった可能性があります。

ジョウスター

水のエネルギーを利用することを目的とした建物が「スターフォート」です。現在、スターフォートは世界中に2万棟ほど、日本には判明しているだけでも5棟存在します。北海道函館市の五稜郭もスターフォートです。

吉田
五角形や六角形のシンボルは世界中に存在します。その理由は宇宙と共振する形だから。京都の晴明神社の五芒星は、「無限循環」であるトーラスが一筆書きで変形したと同時に、地水火風空の五極に分かれるという意味を表しています。元々何もなかった宇宙は、一点から陰陽に分裂して動き始めました。その動きがトーラスを形成して、その後五極に分かれ、五大元素が生じて全ての存在が生まれたのです。安倍晴明の名前に使われる「晴」の漢字を分解すれば「日と月の主」という意味。陰陽のマスターという意味ですね。安倍晴明は宇宙創造の仕組みを知っていたので、強大な陰陽師になったようです。

すべては自分で決めることができる

ジョウスター
今後、既存の金融システムが崩壊するわけですが、そうなった場合、対応できない人もいるでしょう。自ら意識を変革できる人とできない人の違いとは何でしょうか？

吉田

客観的に、世界がどうなるのか？と考えること自体は、宇宙的視点から見るとナンセンスですね。結局、一人一人がパラレルの全然違うデータを見ているのだから、一般論は存在しません。今後、金融リセットによって得をする、損をする人もいますが、結局、自分の世界とは自分の観念に過ぎないので、思うがまま、不平等も格差もないのです。

ジョウスター

各々の意識によって、見る街の景色が全く異なるものになるということですね。本来はゼロポイント、意識がブレない状態が一番いいのでしょう。

吉田

何にフォーカスするか？ですべて決まります。私の場合、新横浜の新幹線までの移動が長かったるいので、自由が丘の自宅を出た時点で、すでに新幹線に乗っていると決めます。すると気が付けば新幹線に乗って駅弁を食べているのです。いつも。パラレル移動により、自分がフォーカスした物事のみ経験するので、不要な途中へのフォーカスを止めればよいのです。

ジョウスター

今後は、自分が望むゾーンに入る人とズレ続ける人に分かれるでしょう。その辺りは、宇宙と繋がっているか否かがポイントになりそうですね？

吉田

もともと宇宙とは、一番よい事しか発生させないシステムであり、物価が上がった、賃金が少ないといった話は、個人の都合から見た見解に過ぎません。宇宙は全くズレテおらず、現実をありのままに受け入れると、今まで良い事しか起きていなかったと気付くでしょう。100歳以上長生きした方々の意見も、だいたい同じです。

ジョウスター

たとえば、気が向かない会議の時間に遅れて街を歩いている時、偶然に運命の相手に出会ったとします。当初の予定がズレたことにより、マイナスだと思っていた事がプラスになったのです。宇宙とのシンクロニシティですね。このようなシンクロニシティを増やしたければ、まずは波動を上げることです。一つ目の用事で波動を下げて、次の用事でまた波動を下げたら、悪い状態がシンクロしていくので、よいシンクロを繋げましょう。基本的に考えや意識が明るければ、全てが良いことに繋がる予兆が発生します。

ＤＳは悲観的なニュースを放送することで、人々の周波数を落とそうとしたのですが、現在は、インターネットの普及で、全ての人が同じニュースを視聴する状態は消えました。皆が幸福感を持てば、地球の次元は上昇するのではないでしょうか?

吉田

はい。明るくなるためには、なるべく頭を使わないこと。そもそも頭、想念を使う理由の大半が問題処理であり、不幸な心境に起因しています。最高に幸せな状態の時、絶対に想念は湧きません。そのためには、何が起きても必ず良くなる、絶対に大丈夫という思考パターンを持つといいでしょう。

人が幸せであるかどうか?は、「赤ちゃんのような顔をしているか?」でわかります。大人は赤ちゃんに比べると深刻な顔をしていますが、自分が赤ちゃんの頃、プルシャであることを忘れていなかったため、解放された純粋な表情をしていたのです。

ジョウスター

僕はYouTube上でDSなど闇の話を、笑顔で届ける番組を配信していますが、視聴者から、なぜネガティブな内容を明るく届けられるのかと質問されたことがあります。僕の場合、宇宙の意識と共振してゼロの状態になるからです。

2023年3月にアメリカのシリコンバレー銀行が破綻しましたが、これは1994年放送のアニメ「ザ・シンプソンズ」で、すでに予言されていました。あらかじめシナリオが存在していたのです。シナリオが公開された理由は不明ですが、世界線は常に移動しているので、ＤＳの策略が必ずしも実現する訳ではありません。

吉田

予言や占いは、無限に存在するパラレル世界の一データを見ているだけなのに、それを信じてしまうと、自分の未来が限定されます。そもそも、自分で未来を何とでも選ぶことができるのに、他人に尋ねること自体が、的外れでナンセンスですね。

ジョウスター

預言書の内容を信じて悲観的な世界線に飛ぶか、ポジティブにとらえて楽観的な世界線に飛ぶかは、自分次第です。

吉田

予言を乗り越えるには、「おとぎの国」的な考えがいいでしょう。宇宙自体がおとぎの国として創られているので、自分で思ったことは何でも実現します。私たちはハリーポッターのように魔法の杖を持っているのです。

ジョウスター

トーラスエネルギーを発する魔法の杖は、本来は当たり前にあるものですが、ＤＳの策略によって、お寺の仏具や神社の神具などに限定されました。地球も、元々は全ての意識が宇宙と繋がっていたわけですが、予言などの刷り込みが邪魔をしています。

性なるエクスタシーは二極の統合

吉田
女性の性感帯は宇宙と交信するアンテナの機能をもっています。性感帯を研ぎ澄ませてゆくと宇宙と一体化できるのですが、歴代支配層の策略で、公に性行為を語るのはタブーとされてきました。

ジョウスター
男女が性行為によって5次元的なエクスタシー状態になると、タントラエネルギーが発生します。歪んだセックス像により、タントラの印象が大きく変わってしまいました。3次元で体験する異性とのセックスは、本来、高次元と繋がるためのタントラを開く意味合いがあります。

吉田

古代の人々は、宇宙と一体化するための聖なる行為としてセックスを楽しみました。人々に性行為の本当の意義を悟らせないため、１００％受容することをタブーと教えられてきたのです。戦争や病気が一切ない先住民族は、人前でもセックスするし、恥ずかしいと考えるのは、宇宙でも遅れた星の住民だけのようです。

ジョウスター

元ＮＢＡ選手のマジックジョンソンがセックスでエイズに感染したと公表したことで、コンドームが爆発的に売れましたが、これはＤＳの計画だったのです。今後、意識が上昇すれば、誰もコンドームなど購入しなくなるでしょう。

吉田

男女の性行為による統合エクスタシーの発生は、一つの例に過ぎず、食べ物を美味しいと感じた時や音楽を素晴らしいと感じる時にも起こります。対象物、宇宙が放出する周波数と自分の心身との共振がエクスタシーなのです。エクスタシー状態だと奇跡は簡単に起こります。逆にエクスタシーが感じられないと、人々は闇が望むとおり、欲望に走り、優秀な消費者になります。宇宙人曰く、欲望を持つから夢が叶わないと。満たされている人は、欲望など持ちません。

ジョウスター

不幸だからこそ、欲が生まれます。

吉田

日本人は上の存在には従順で、決断を任せる傾向がありますが、世界のリーダーになるには改善が必要です。一つは、人の目を気にしないこと。もう一つは、自分の主張をハッキリ言えること。これらがないと、世界をリードできません。自分は創造主なのです。数多い神の一つではなく、人生も宇宙も100％自分が決めたとおりなのです。一方、人や世界はあなたの被造物。

ジョウスター

進化した星では全員が一番やりたいことをやっていますが、社会はそれゆえ最効率で機能しています。一番やりたいことをやらないと、全体がうまくいかないのです。

僕は仕事を選ぶという考えが間違いだと思います。世間で言う汚い仕事も、楽しんで行うことはできますから。

吉田

現代人は、肉体労働や単純作業を嫌う傾向がありますが、江戸時代の重労働者である車夫は、半裸で働きながら、皆幸せで天真爛漫な笑顔を浮かべていたと、外国の報告書には記されています。一番やりたい事をやるのと同等に地球で最も有効なのは、与えられた仕事（時、場）を存分に生きて楽しむこと。「受容」によってがぜん楽しくなります。

ジョウスター

コロナ禍でも、マスクで感染が防げる、アルコールで殺菌できるといった話を有名タレントに発言させるというイメージ戦略が行われました。人々は他人の言葉や世間のイメージに影響されやすいのです。

吉田

他人にコントロールされるとはどういう事なのか？も地球体験の醍醐味でした。プルシャ本人である自分の「万能性」が「支配される」を楽しんだのです。

しかし今、同じ「万能性」が、「自由自在性」と「解放性」にシフトしつつあります。「他からの影響」や「支配」はただのイリュージョンです。条件なしの無限創造性を、この惑星でも自由奔放に表現していきましょう！

超越パラレルワールド
女性性とレゾナンスの飛翔

令和5年6月21日　初版発行

著　者　　吉田一敏
発行人　　蟹江幹彦
発行所　　株式会社　青林堂
〒150-0002　東京都渋谷区渋谷3-7-6
電話　03-5468-7769
装　幀　　アニー
印刷所　　中央精版印刷株式会社

Printed in Japan

ISBN978-4-7926-0745-6